基于深度学习和虚拟仿真的足球智能训练教程

肖　冬　金　刚
牛瑨博　李明宇　著

北　京
冶　金　工　业　出　版　社
2022

内 容 提 要

本书内容主要包括足球战术及比赛原则、个人及小组局部战术技巧、基于深度学习的智能训练方法四个方面，对实际足球比赛战术与比赛原则进行分类、介绍，详细阐述个人战术技巧、小组局部战术技巧等的要点、作用及训练方法，同时将各种战术技巧融入到基于深度学习的人工智能训练方法中，将人工智能训练方法的原理、步骤呈现给读者。书中文字简练、图示清晰，内容通俗易懂，增加了本书的可读性和实用性。

本书不仅可供大中院校、成人教育及高中非体育类学生学习实践参考，也可作为体育类学生教材。

图书在版编目(CIP)数据

基于深度学习和虚拟仿真的足球智能训练教程／肖冬等著．—北京：冶金工业出版社，2022.9

ISBN 978-7-5024-9227-4

Ⅰ.①基… Ⅱ.①肖… Ⅲ.①足球运动—运动训练—研究 Ⅳ.①G843.2

中国版本图书馆 CIP 数据核字(2022)第 140872 号

基于深度学习和虚拟仿真的足球智能训练教程

出版发行	冶金工业出版社	**电　　话**	(010)64027926
地　　址	北京市东城区嵩祝院北巷 39 号	**邮　　编**	100009
网　　址	www.mip1953.com	**电子信箱**	service@mip1953.com

责任编辑　卢　敏　张佳丽　美术编辑　彭子赫　版式设计　孙跃红　郑小利

责任校对　郑　娟　责任印制　禹　蕊

三河市双峰印刷装订有限公司印刷

2022 年 9 月第 1 版，2022 年 9 月第 1 次印刷

787mm×1092mm　1/16；12.5 印张；301 千字；190 页

定价 68.00 元

投稿电话　(010)64027932　投稿信箱　tougao@cnmip.com.cn

营销中心电话　(010)64044283

冶金工业出版社天猫旗舰店　yjgycbs.tmall.com

(本书如有印装质量问题，本社营销中心负责退换)

前　言

足球运动是一项由进攻和防守这对矛盾所组成的对抗性运动项目，该运动的取胜不仅靠球员精湛的球技，还取决于先进的足球战术。足球战术是比赛中为了战胜对手，根据主客观实际，所采用的个人和集体配合的综合手段。比赛实践证明，熟练而巧妙的全队配合是夺取胜利的重要因素。为了提高足球爱好者和学生的足球战术素养、足球比赛理解水平、个人及小组战术水平，让更多的足球爱好者和学生有更好的足球理念，坚定推进足球创新与改革，逐步提高中国足球水平，让积极向上的足球文化成为中国梦的正能量，东北大学体育部与信息学院共同开设了足球运动智慧化训练课程，通过深度学习技术、虚拟仿真技术，将足球战术训练内容制作成不同的虚拟场景，利用辽宁省虚拟仿真教学实验平台和东北大学虚拟仿真实验室，对学生进行合理高效的反复训练，使学生在课堂学习过程中逐渐形成先进、规范、科学的足球思维，培养学生正确的团队技战术理念。

目前，深度学习、VR、人工智能技术在国内体育专业训练应用方面属于空白，三者和足球训练的有机结合是我国足球运动训练的新尝试，并有望在未来的发展中获得新的突破与进展。在教育部积极发展交叉学科的背景下，为更好地达到预期目标，东北大学信息科学与工程学院与东北大学体育部共同完成本书的编写。该书是交叉学科的标志性成果，不仅适合于大中专、成人教育及高中非体育类学生学习实践，也能作为大学体育类学生的教材。

本书由东北大学信息科学学院和体育部主持编写，东北大学学术委员会审定，由东北大学信息科学与工程学院肖冬副教授、东北大学体育部金刚副教授担任主编，东北大学信息科学与工程学院研究生牛瑨博、华东师范大学体育与健康学院研究生李明宇担任副主编，由大连经济技术开发区第一中学体育教研组长于义老师参与校稿。

本书得到了辽宁省社会科学规划基金教育学项目“基于虚拟仿真的足球运动智慧化教学模式研究”（项目编号 L20BED007）资助，同时在编写过程中得到了沈阳金冉科技公司的大力支持，在此表示衷心感谢。

作　者
2022 年 7 月

目　　录

1 足 球 战 术

1.1 足球战术概念

足球战术是比赛中为了战胜对手，根据主客观的实际，所采用的个人和集体配合的综合手段。

技术、身体素质、心理品质与战术质量紧密相关，运动员的技术和身体素质是实现战术的基础，良好的心理素质是完成战术任务的保证。它们之间相互渗透、相互补偿、相互制约，片面强调某一方面的作用或依赖某一方面的优势很难在高水平的比赛中取得优异成绩。

1.1.1 足球战术分类

如同足球技术分类一样，按照不同的分类依据，足球战术可以分为很多种类。如：

(1) 按照进攻与防守为依据，可分为进攻战术与防守战术；

(2) 按照人数多少为依据，可分为个人战术、小组战术和全队战术；

(3) 按照攻守场区的前中后为依据，可分为前场战术、中场战术、后场战术；

(4) 按照攻守场区的左中右为依据，可分为边路战术、中路战术；

(5) 按照恢复比赛的方式方法为依据，可分为开球、角球、球门球、任意球、掷界外球、罚球点球战术等；

(6) 按照比赛的球队的具体打法和比赛策略为依据，可分为防守反击、长传冲吊、短传渗透等；

(7) 按照比赛中运动员完成有球技术动作的目的，可分为传球、接球、射门、运球过人和运球突破、破坏、解围、抢夺球等；

(8) 按照比赛中运动员无球移动的目的为依据，可分为盯人、保护、补位、支援接应、插上（插入空当）、突破、牵制拉开等。

为了学习讨论的方便，本章的讨论与分析以攻守为第一分类依据，然后以人数为第二级指标，具体的行动方式或方法为第三级指标，足球战术简要分类如表 1-1 所示。

表 1-1 足球战术分类表

足球战术	进攻战术	个人战术：传球、接球、运球、过人、射门、摆脱、跑位
		小组战术：2 过 1、2 过 2、2 过 3、3 过 2、3 过 3、3 过 4 配合等
		全队战术：中路进攻、边路进攻、转移进攻、阵地进攻、快速反击
		定位球战术：开球、角球、球门球、任意球、掷界外球、罚球点球

续表 1-1

足球战术	比赛阵型	1-4-2-4、1-4-3-3、1-4-4-2、1-3-5-2、1-5-3-2、1-4-5-1 等
	防守战术	个人战术：压迫、盯人、选位、抢截、延缓
		小组战术：2 防 1、2 防 2、2 防 3、3 防 3、3 防 4、4 防 4 等
		全队战术：区域防守、盯人防区域结合盯人防守
		定位球防守：开球、角球、球门球、任意球、掷界外球、罚球点球

1.1.2 现代足球战术特征

1.1.2.1 机械分工消失

现代足球比赛，由于全攻全守战术打法的运用与发展，锋卫职责机械分工已经消失。比赛中队员上下、左右大范围机动跑位十分频繁，后卫插上助攻直至射门得分，前锋退居门前积极防守的现象已屡见不鲜。

全攻全守需要全面化的运动员，过去单凭技术或只靠体力的运动员在绿茵场上已经消失。全攻全守的先驱者荷兰队教练米赫尔斯说：“全面化的队员必须具备敏锐的机智，根据场上攻守情况，需要他到哪里起什么作用他都能承担，这样把所有的力量加起来才是总体战术。”因此，运动员在技术和战术意识、身体素质及心理品质等诸方面获得全面的发展是实现现代战术打法的基础。

当然，队员位置机械分工的消失并不等于比赛场上队员没有位置职责分工。实践证明，全面化的队员仍然首先是本位置的“专家”，其次才是其他各位置的“能手”，根据比赛主客观实际，出色地、创造性地完成本队总体战术赋予他的各项任务。

1.1.2.2 快速争夺时空主动权

足球是争夺时间与空间的运动项目。快速争夺时空主动权是足球比赛取胜的关键。时间是指进攻或防守队员在完成技、战术过程中在时机、速度、节奏变化方面具有时间性的特征；空间是指攻守双方在距离、方位、角度方面具有空间性的特征。而双方争夺时空主动权的目的是争夺对球的支配权。所以足球比赛的时间与空间都有其特定的含义，主要体现在运动员高速运动与激烈对抗中对球速与落点、对手与同伴的位移速度和方向的观察与判断，完成技术动作时对时间与空间掌握的程度，以及充分利用场地发挥本队技、战术水平，争取射门得分等方面。

争夺时空主动权，敏锐观察和准确判断是前提，足球意识和经验是基础，快速行动、高超的技术和同伴支援是保证。优秀选手最突出的特点就是视野开阔、时空判断能力强、能更早地预测将会出现的局面，快速争夺控球的主动权，以达到本队的战术目的。

1.1.2.3 阵形与队形合理组合

比赛队形是指比赛场上队员的位置分布，是球队攻守力量搭配和职责分工的形式。它是战术的一个组成部分，其目的是使每名场上队员在明确基本位置和主要职责的前提下，充分发挥个人的智慧和全队的攻守特点，以克敌制胜。

队形是阵形在不同比赛场合下更具体、更严谨、更灵活的运用，需要周密组织，是一个随机变化的人员组合。队形是一个队攻守战术效应的重要基础，凡不能保持良好队形的队，攻必乏力，守必漏洞。队形分为整体与局部两大类。如优秀队在比赛中整体队形压扁，一般在 40m 左右，三条线脉络清晰，间距合理，局部地区队形往往是三角形。合理的队形在进攻中利于支援，在防守中利于保护补位。阵形与队形完美结合的核心要有利于创造和利用时间和空间，或控制和封锁时间和空间。

1.1.2.4 集体与球星完美结合

足球是集体运动项目，取胜需要发挥整体力量。球星离开了同伴的支援也是单枪匹马难现光彩。但球队又是由若干队员组成，每名队员的竞技水平直接影响整体成绩。球星是球队的核心拥有特长或绝招，在比赛中起到了别人无法替代的积极作用，教练员往往围绕球星制定攻防战术打法。实践证明：只有训练有素的整体和出类拔萃的球星完美地结合，才能夺取比赛的胜利。

1.1.2.5 更加突出地面传球配合

现代足球发展的一个重要趋势是强调对球的控制，从世界杯与欧洲杯等大赛中看到，各队格外注重对球权的控制。为了在战术配合中更好地控制住球，在传球配合过程中，更加注重地面传球的方式。以往一些中长距离的传球多采用传空中球的方法完成，现在多采用地面球的方式进行。相比较而言，地面传球便于同伴直接衔接及完成下一个战术动作。

1.1.2.6 任意球攻守好坏成为比赛胜负的重要方面

任意球攻守的好坏，成为一支球队获得比赛胜利的重要方面。如 2010 年世界杯决赛阶段的比赛中，通过各种任意球战术攻入 47 个球，占全部进球总数的 32.41%。2012 年欧洲杯决赛阶段的比赛中，定位球的进球占到总进球数的 21.1%。在 2001—2009 年四届联合会杯的进球中，有 60.7%的进球是通过点球、角球及其他任意球的方式获得的进球。这些数据说明，在现代高水平球队之间的较量过程中，谁能更好地把握任意球，谁就有更多机会取得比赛的最终胜利。

1.2 足球比赛原则

1.2.1 比赛原则的概念

足球比赛原则是根据足球比赛的特点，对攻守客观规律的高度概括，是在比赛中为了取胜的行动准则。

1.2.2 比赛原则的作用

比赛原则的作用主要是指导运动员在比赛中始终采取合理的进攻与防守手段，最大限度地提高自己的活动效率。即以最少的攻守活动付出，获得最大的攻守效益。

1.2.3 进攻原则

进攻原则是当一个队获得控球权时每个队员必须遵守并确定个人基本行为方式的准则。进攻原则指出了在本方一次进攻的整个过程中，本方队员在不同时间和不同场区应该完成的战术任务和要求以及需要采取的方法和手段。

1.2.3.1 快速进攻、快速转换

足球比赛中的4个重要时刻为：(1) 本方控球时；(2) 对方控球时；(3) 由攻转守时；(4) 由守转攻时。无论进攻或是防守，有利的时间与空间机会只能在某一个较短的时间限度内存在，不可能长时间存在。因此，由守转攻时要抓紧抓好有利时间与空间存在的机会，即对方在由攻转守时的注意力不集中、整体防守体系结构松散、局部防守队形会有漏洞等，向对方腹地发动快速攻击，争取在最短时间内完成射门得分过程。

1.2.3.2 整体进攻、攻中寓守

现代足球比赛在攻守平衡基础上，追求在局部获得人数优势，在全场各个区域内都能够给对方施加压力，而且这种进攻压力是一种源源不断的、前后左右层层衔接出现的全方位的压力。因此，比赛中前锋、前卫、后卫队员都应当根据比赛实际，主动参与进攻，在不同的位置区域给对手制造防守困难，使全队的进攻形成一个牢固网状系统，球传到哪里，哪里就会产生威胁，队员攻到哪里，哪里就显示出强大的结构性威力。另外，在整体进攻的同时，要时刻有由攻转守的准备，这种准备体现在：(1) 队员位置结构的形成上既保持攻击性的队形结构的同时，还保持有防守对方快速反击的防守队形位置结构；(2) 队员由攻转守时的防守注意力集中。一旦转攻为守，所有队员都能够立即进入防守位置与防守状态。

1.2.3.3 扬长避短、主动控制

每个球队的实力不一，队员的基本特点也有所不同，对手特点也有区别。要根据自身特点与对手特点安排比赛的战略战术。要在比赛中充分利用自身的优势与对手周旋，利用自身的优势控制比赛过程，要争取比赛始终在自己主动控制的状态下进行。

1.2.3.4 制造宽度、结构合理

比赛中要充分利用足球场地的宽度，充分拉开队员之间的横向距离，以增加防守队员之间的距离，使防守队员之间的保护性位置结构呈现松散状态，以削弱其保护作用力度，为我方队员进行突破创造可利用的时间与空间。但是，要特别认识到，拉开宽度的目的是为了在中路区域获得有利己方进攻的防守漏洞，走边路是为了在中路创造更好的射门机会。因此，在攻方队员充分拉开宽度的同时，攻方同伴之间的位置要保持良好的联络呼应结构。三条线在各个局部区域要保持有利的棱形或三角形攻击站位的结构，特别是在对方罚球区门前保持有攻击性的位置结构。

1.2.3.5 利用深度、前后有序

攻入守方门前防守队员身后的空当更具有威胁性。因此，防止攻方队员攻入身后空当也是防守队员重点防护的区域，越是靠近守方门前，守方防守队员之间的纵向距离越小，结构越紧密。要清晰地认识到，拉开宽度的目的既是为了在中路获得更好的攻门机会，更是为了在深度上，特别是在对方门前防守队员身后创造可利用的防守漏洞。进攻接应队员要多利用斜线跑、横向跑、曲线跑、换位跑等方式，牵扯、吸引位置靠后的保护队员离开门前防守要地，为控球队员将球传入防守队员身后空当创造有利空间与时间机会。而拉开创造空当与插入利用空当的队员，在行动时机上要有先有后，切记不要同时向一个空当区域跑动，也不要同时都站在原地等待。

1.2.3.6 机动灵活、突破向前

足球比赛的最终目的是将球踢入对方球门得分。为了达到这一目的，运动员在比赛中要采用各种进攻手段，将球向前推进到对方球门附近，然后伺机射门得分。因此，在跑动中要不断变化跑动路线与跑动方式，改变跑动节奏与跑动意图，改变跑动区域与跑动位置，要不断地向对方门前威胁区域推进。不断地改变传控球的方向与意图，将球传控到对方门前射门威胁区域，使本方队员获得更好的射门机会并得分。

1.2.3.7 随机应变、效率为先

比赛中各种情况瞬息万变，有利时间空间稍纵即逝。因此，进攻队员要能够根据防守队员的实际情况，随机应变地调整自己的进攻行为和意图，争取取得最好的实际效果。如接应位置的调整，传球路线、速度、动作方式、意图等方面的调整，运球过人时的动作节奏、意图调整，队员与阵型调整等。进攻过程中千万不应机械教条地执行教练员赛前的比赛布置和要求。

1.2.3.8 出其不意、攻其不备

足球比赛中，越是能够将自己的真实进攻意图隐蔽得好，越能够取得好的攻击效果。因此，在足球比赛中，控球队员要学会利用运球假动作、反方向运球及虚假的联络呼应语言、手势动作等手段迷惑对方队员，将对方防守注意力引入错误的方向和区域。然后将球传、运到防守队员注意力较少的方向或区域，以达到出其不意，攻其不备的效果。无球接应队员则要利用虚假跑动方式、联络呼应、反方向虚假突然摆脱等手段，牵扯、吸引防守队员转移注意力和离开正确的防守要塞位置，为控球队员创造有利的传球、运球突破时间与空间机会。

1.2.4 防守原则

防守原则是当本队失掉控球权时每个队员必须遵守的确定个人基本行为方式的准则。这些原则指出了在本方一次防守的整个过程中，本方队员在不同时间和不同场区应该完成的战术任务和要求以及需要采取的方法和手段。

1.2.4.1 快速防守、快速转换

攻方由攻转守时是比赛中最容易出现防守漏洞的时刻，也是对手最想利用的时间机会。

因此，当由攻转守时，全体队员注意力要高度集中。要在第一时间快速进入防守位置与防守状态，以最大的努力防止对方进行快速反击。此时，（1）离球最近的队员要全力逼抢对方控球队员，迫使其将球向回传或向回运或者是只能横向传球或运球；（2）控球队员附近的队员全力堵截对方控球队员向前传球和运球的路线，以达到延缓对方快速进攻、争取时间以利于其他同伴回防、迅速调整防守布局争得布防时间的目的。

1.2.4.2 整体防守、守中寓攻

现代足球比赛中的实践表明，一支球队的队员可以不全部参加到进攻中，但必须全部参加到防守中。因此，一旦本队转入防守，每个队员都要积极行动，快速进入自己的防守位置，寻找自己的防守对象、明确自己的防守任务。全队要形成一个紧密的防守体系结构，使对方的进攻在各个区域和方面都受到有力的压制与破坏。另一方面，在全队防守过程中，全队防守线最前边的队员要注意使自己处于一旦抢球成功，即可发动快速反击的位置上，而全队其他队员一定要清晰准确地知道本队最前边队员的位置。抢球成功或大脚解围时，要在第一时间有意识地将球传或踢向本队前锋队员所在的区域。要随时做好由守转攻的思想准备和行动准备。

1.2.4.3 主动控制、创造优势

在足球比赛中防守时，防守方首先要以球为中心形成密集的防守队形和防守结构体系。但由于攻方控球队员有可将球连续地传到其他区域的有利条件，守方又总是要不断地重新调整防守布局，显得较为被动。因而，为了改变这种被动局面，进入到较为主动和有利的防守状态，防守时：（1）要主动进行压迫式防守干扰，使攻方控球队员的传球和运球路线受到最大限制，迫使其将球传到或运到守方重点防守的区域里，进而造成进攻失误；（2）无论是盯人防守还是区域防守，守方要采用积极的队员密集聚集行动，向有球区域压缩靠拢，中场都要对口，至少保持中场攻守人数的均衡，争取在有球区域形成人数优势以达到防守平衡状态和防守优势；（3）守方要争取通过紧逼防守、夹击围抢、抢断保护等方法变被动为主动，创造优势，控制比赛过程向有利于自己的方向发展。

1.2.4.4 收缩防线、队形紧密

攻方为了增加每个防守队员的防守范围而充分拉开，并不断将球向前推进。因此，当攻方通过中场进入守方半场后，随着攻方越来越接近守方球门，守方应当进一步缩小队员之间的横向距离，使整体队形的横向距离保持在罚球区宽度左右的范围内。此外，守方要以球为中心、整体向有球区域集中随球移动，向罚球区和球门前收缩靠拢，在有球区域和罚球区门前形成密集的防守体系队形，从整体位置结构上达到破坏、封锁、限制对手向门前危险区域传球的通道。

1.2.4.5 压缩防区、密集门前

攻方最终目的是将球攻到门前有效射门区域以射门得分，因此，防止与破坏对方在射门有效区域内获得射门机会是最重要的核心防守目标。当攻方接近守方罚球区时，防守队员之间应当更进一步整体压缩防守区域，密集地布在罚球区内和门前危险区域，使每个防守队员的防守区域尽量缩小，攻方距离守方球门越近，守方队员之间的保护联络距离应越近，防守保护应更加严密有效，形成攻方队员在防守队员之间无可利用的空间或时间的防守体系与防守状态。

1.2.4.6 盯人控制、防内让外

随着攻方进入守方门前35m区域场区，射门有效性会明显增加。因此，在这一区域范围内，防守队员应当对于控球队员及有可能接球射门的攻方队员实施严密的紧逼盯人控制，寸步不离地防守，严格限制对手的自由活动空间与时间，特别是对手向球门方向的活动。每个防守队员要保持始终站在防守对象与球门之间的位置，迫使对手只能向外线、向边角区域等远离球门的方向和位置活动，不能向接近球门的方向和位置活动。

1.2.4.7 争防断抢、抢前抢先

防守的最终目的是将球从持球队员脚下抢过来，或者是将持球队员传出的球在途中抢断下来和破坏掉，再或是迫使持球队员控球失误或传球失误和其他失误。因此，在对持球队员实施基本的争防抢断手段时，要争取在持球队员传球和射门前抢先防守住射门和传球的路线和角度，争取在持球队员传球和射门前先触到球以破坏其传球和射门机会。在防守对方队员由边路发起的传中球时，要争取抢前点和高点，争取先于攻方接应队员触到球。在防守对方的渗透传切球的接应队员时，要提前观察、准确判断抢球时机，果断实施，抢前抢先触球，达到抢到球或破坏球的目的。

1.2.4.8 明察秋毫、防患未然

攻方为获得射门机会并射门得分会采用多种手段隐蔽其真实意图，以达到突然攻击的目的。因此，防守一方应当对持球队员的控球行为和接应队员的行动意图，特别是对插上跑动的进攻队员的攻击意图进行全面、及时、准确的观察与判断，在重点防守住对方持球队员和突前攻击手的前提下，加强联络与呼应，适时采取相应协同防守行动，保持好防守体系的稳定性和整体性，争取将对方的攻击威胁瓦解掉。

1.3 个人战术技巧（进攻与防守）

1.3.1 传球技巧

1.3.1.1 传球的概念

所谓传球是指运动员在比赛中采用合理的身体部位触击球，有目的地将球送往同伴的

脚下或同伴可利用的空间位置的个人有球战术行为。传球是构成局部和整体战术配合的核心要素之一。传球是队员在比赛中进行交流的语言形式，也是队员战术意识水平高低的一种反映。

实战比赛中的各种传球名称的基本解释有：

（1）短传球：传球距离在15m之内的传球。

（2）中长传：传球距离在15~30m的传球。

（3）长传球：传球距离在30m以上的传球。

（4）直传球：传出球的运行方向与边线趋近平行的传球。

（5）横传球：传出球的运行方向与球门线趋近平行的传球。

（6）斜传球：传出球的运行方向与球场对角线趋近平行的传球。

（7）回传球：传出球的运行方向朝着接近本方球门线方向的传球。

（8）低球：传出的球沿地面或在低于运动员膝部以下空间运行的传球。

（9）平球：传出的球在运动员膝部以上、头部以下空间运行的传球。

（10）高球：传出的球在运动员头部以上空间运行的传球。

1.3.1.2 传球的基本要点

A 选择正确的传球目标

比赛中，当你控制球后，在有多个目标可以选择传球时，首先要选择对对方球门能够形成最有威胁的目标传球；其次，要选择能够更好地继续扩大进攻威胁性的目标传球；最后，要选择能够更好地控制住球权的目标传球。

B 把握好传球的时机

比赛中的有利时机稍纵即逝。传球早了，接球队员可能由于其身体姿势、运动速度、所处的角度与距离等方面尚未调整到位，使得进攻的接球队员不能更有效、更有威胁地处理来球，甚至丧失控制球权。传晚了，接球队员可能会处于越位位置得球而犯规，或者是对方防守队员反应过来将原来的防守漏洞补掉，或者是传球人本身失去了最好的传球角度而无法传球，再或是失去了完成动作的基本时间，造成无法传球或仓促传球使得传出球的质量不高、同伴无法接球或勉强接球、甚至是直接传球失误和被对方抢断和破坏掉。因此，抓住瞬间即逝的传球机会格外重要，当能够通过传球使处于有利位置的同伴获得更好的进攻威胁效果时就要果断传球；当通过传球配合能够更安全快捷地获得更好的进攻威胁效果时就要进行传球。特别是突破对方最后一道防守线的传球时机更要恰到好处。

C 控制好传球力量

传球时控制好球运行的速度是非常重要的因素。传球力量小，球运行的速度慢，同伴接控球容易。但球在途中的运行时间长，给对方抢断球的机会变多，给对方调整防守位置和弥补防守漏洞的时间也更加充裕。队员应当知道，球在途中运行的时间就是防守队员移动调整与弥补防守漏洞的时间。传球力量大，球运行的速度大，对接球队员来说，接控球的难度要大一些。但由于球运行时间短，防守队员移动调整的时间也短，因此，接球队员可能处于无人防守或相对防守较弱的情况下，这时利用对方防守漏洞的机会就更大一点。从这个角度上说，应当尽量使球的运动速度更大一些，以使接球同伴有更多的机会在相对无人防守或防守较弱的情况下获得来球和处理来球。当然，传球力量的控制也不能无限制地加大，如果传球力量太大了，使得接球队员根本无法控制住来球的话，那其他一切都无法继续了。

D　选择好传球方式

传球方式可以是多种多样的，但是在比赛中一定要选择最简单且有效的方式。这样做的好处是既可以快速完成传球，又能够减少体力消耗。不合理的传球方式，可能会导致传球动作延缓或失误、传球质量下降和失误，或者还可能造成体力消耗的增加。因此，运动员要尽量避免因采用不合理的传球方式而导致动作失误、传球质量下降或失误以及增加体力消耗的情况出现。

E　控制好球的运行路线与第一落点位置

控制好传出球的运行轨迹主要有三个目的：（1）绕过或躲开防守队员的封堵或破坏，使防守队员无法在途中拦截球；（2）调整球在运行过程中的运行时间，以达到人到球到或球到人到的目的；（3）诱骗对方防守队员产生错误判断，使其出现防守错误动作。

控制好第一落点的位置最主要的目的是：（1）使接球同伴能够更安全和容易地接球；（2）使接球同伴能够先于防守队员触到球；（3）使接球同伴能够更好地、快捷地直接处理球，如直接传球或射门等；（4）使球能更加有效地到达防守队员身后最有威胁的区域，以增大同伴攻击对方球门的威胁性。

F　隐蔽好自己的传球意图

如果在比赛中当你已经将球传出后对方才明白你的战术意图的话，防守队员再想要采取积极有效的防守措施常常会为时已晚。因此，隐蔽好自己的传球意图常常是出其不意攻其不备的有效方法和重要条件。现代足球比赛中常用的隐蔽性传球方法主要有：脚背外侧传球脚内侧弹踢式直接变向传球、向左运球而向右传球或向右运球却向左传球、以及传球前的假动作。如传球队员在传球前的虚假联络呼应、虚假目标观察、虚假的身体动作等。

G　做好及时的联络呼应

传球是队员之间交流比赛意图信息的方式，信息输出与接收双方高度协调统一则会大大加强传球信息的稳定性与功效性。因此，传球队员应当采用各种身体语言及其他语言方式与接球队员进行有效的联络呼应，以便传球与接球之间形成高度默契。

1.3.1.3　传球训练的方法示例

传球练习的目的就是控制传球力量。

A　练习方法1：直接传球

两人一组相对站立，距离15m左右。以脚内侧直接传球，两人边传球边慢跑向同伴靠拢，直到两人距离在2m左右时再边传球边后退拉开，逐渐回到开始位置。在规定时间内反复进行这样的拉开靠拢传球练习（见图1-1）。

要求：在靠拢与拉开过程中，始终直接传球，并控制好传球的力量。可要求在1min单位时间内传球不少于30次（或N次）以控制传球难度。

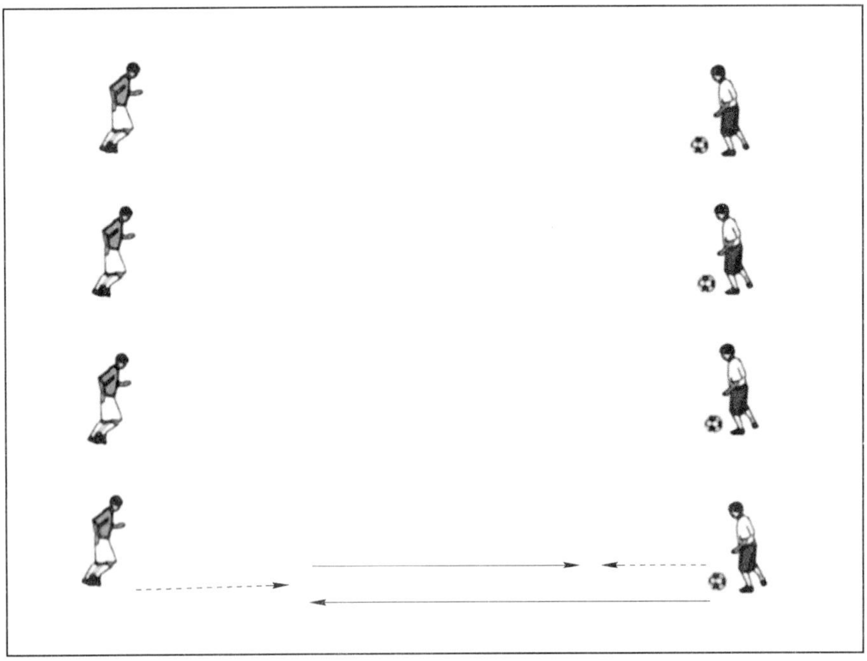

图 1-1　控制传球力量练习

B　练习方法 2：传球方向练习

4 人一组，在边长为 13m 的正方形场地四角标示出 4 个 3m 宽的传球区域。练习时，第一个队员斜传给同伴后跑向侧面的无人传球区域再次将同伴直接传来的球直接传回，然后再跑回到开始区域休息（见图 1-2）。

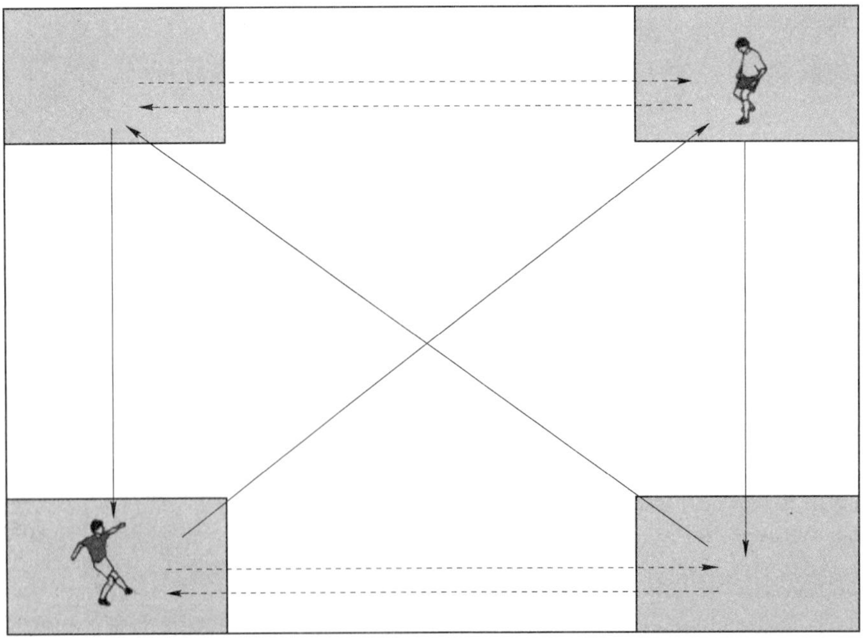

图 1-2　传球方向练习

要求：始终要直接传球，并控制好跑动速度与传球力量。第一组两个队员先进行传跑练习，然后第二组队员重复第一组队员的传跑练习。可以根据队员能力调整跑动的速度和传球的难度。

C　练习方法3：3对1传抢练习

在8m的正方形场地上进行，三人传球，一人抢球（见图1-3）。

要求：直接传球，不能用脚踩住球后再传，抢球人触到球即为抢球成功，与被抢者交换练习角色。

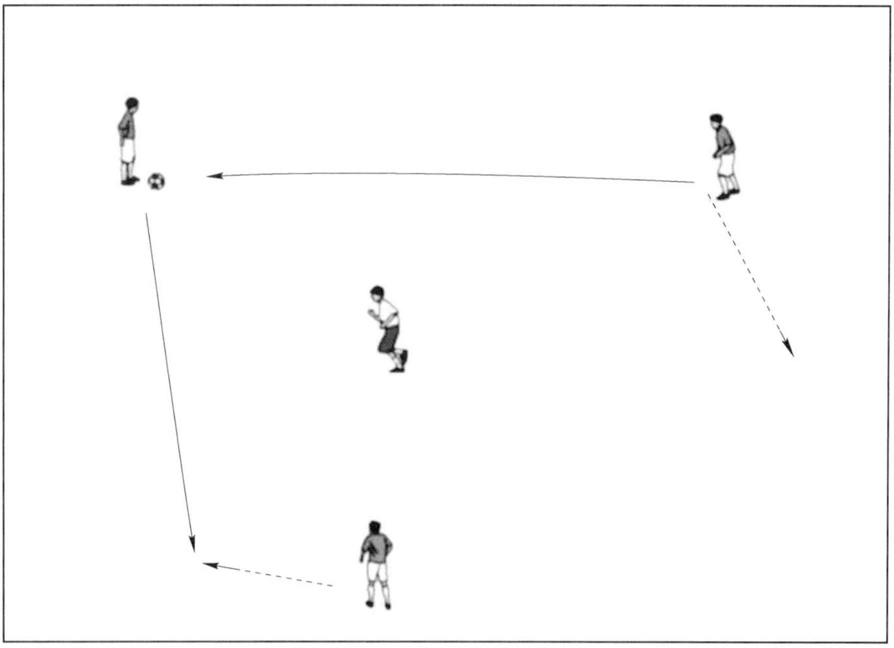

图1-3　3对1传抢练习

1.3.2　接球技巧

1.3.2.1　接球的概念

接球是指比赛中运动员采用合理的身体部位触球，使运行中的球获得加速或减速运动从而处于更有利于下一步进攻的控制范围、位置及运行状态的个人战术行为。

1.3.2.2　接球的要点

（1）提前观察，选择好将球接控到的合理位置（角度与距离）。队员接球时要清楚地知道自己身旁什么位置是最有利的位置。这个位置上既要能够加强进攻的威胁性，又要具有便捷性与安全性。一般应当首先考虑将球向前接到合理的攻击位置上。

（2）及时调整好身体姿态与面对的方向。一般要在接球前将自己的身体姿势调整到面对进攻方向或侧对进攻方向和有利于奔跑、加速、变向的状态。这种状态下，接球队员可以处于有利于观察场上及周围情况的自然状态，并且可以较好地完成身体的攻击性移动。

而当有防守队员贴身紧逼时，则要考虑将身体侧对、甚至背对防守队员以便用身体掩护进行接球。

（3）选择好接球的方式方法。接球时，要根据来球的旋转、速度、高度等、防守队员的防守态势、扩大进攻战术威胁性的需要、接球队员自身的位置、身体姿势与运动状态等，选择合理的接控球方式与方法，其判别标准应当是既能安全有效又能最省力省时地完成接球过程。

（4）控制好触球的用力时机与大小。一般接好球的判别标准是：第一次触接球后不用再调整步法即可将球自如地、有威胁地传出或射出，即一接即传，一接即射；或者是可以避开防守队员的抢球防守并先于防守队员再次触到球。从距离上来说，常常是将球接在自己身旁一小步之内的距离。从脚触球的时机来说，不同的接球方法和部位各有所不同，不宜一概而论。但要保证接触球的身体部位有一个适当的缓冲过程，且能够较好地避开防守队员的防守抢夺以更好地进行下一个战术行动。

（5）控制好球的运行方向与人体运动方向。好的接球要表现出球随人走或人与球同行的紧密结合状态，使人与球在运动方向和运动速度上达到高度的协同一致。

1.3.2.3 接球的训练方法示例（见图 1-4）

练习方法：4 人两组两个球，中间 2 个队员做接球练习，两边 2 个队员向中间队员传球。中间 2 个队员向回撤接球转身传给另一侧的两边的队员然后交换位置，中间队员练习完成 10 次之后与两边传球队员交换练习位置（见图 1-4 左侧练习图示）。

变化：4 人一球，2 人传球，中间 2 名队员（1 人防守，1 人接球转身传球）。练习 5~10 次之后与两边的传球队员交换练习位置（见图 1-4 右侧练习图示）。

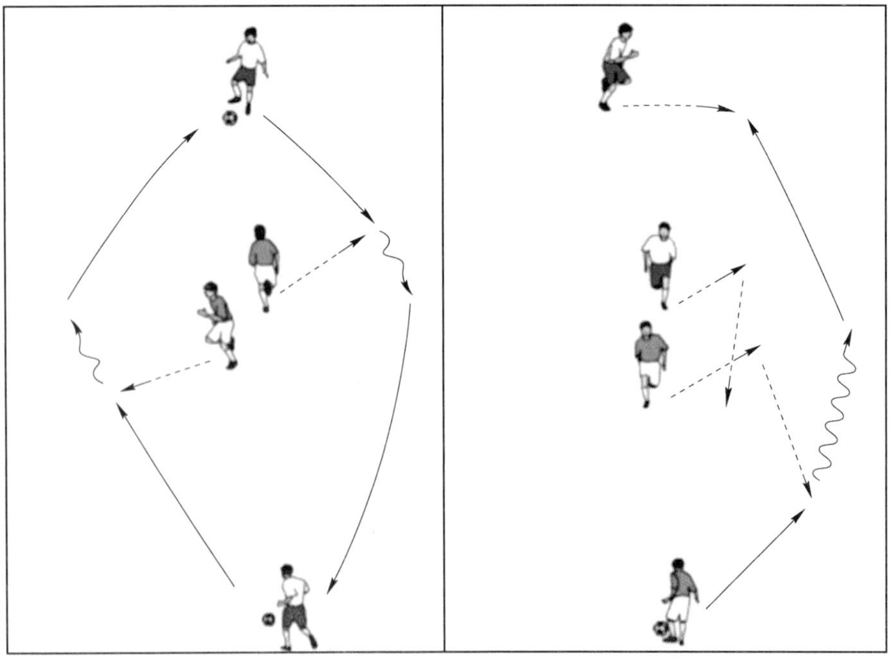

图 1-4　接球练习

要求：接球要控制好触球的部位与力量，连接动作要快速。对抗接球时，应注意接球前做出逼真的摆脱动作，接球真动作要控制好接球的位置，使球处于离防守队员较远的一侧。

1.3.3 运球过人技巧

1.3.3.1 运球过人的基本概念

运球过人是指比赛中控球队员利用连续不断地推拨推送球动作来改变球的运行速度与方向从而运球绕过或越过防守队员的防守，为自己获得更好的传球或射门机会的个人战术行为。而运球突破是指控球队员从中路或边路运球越过了该区域内的最后一个守方后卫队员以取得更好的传球或射门机会的个人战术行为。

1.3.3.2 运球过人的要点

（1）要掌握好运球过人的时机。当通过运球过人能够获得比其他同伴更好的传球或射门机会时，就应当果断采用运球过人。当通过运球过人能够使得对方局部区域防线破败或整体防守体系错乱从而形成更加有利的进攻局面时，就要果断采用运球过人。

（2）要掌握好运球过人的场区。运球过人应当主要在中前场实施，特别是在对方罚球区内时要大胆运球过人。尽量不要在本方后场，特别是本方门前区域采用运球过人。后场运球过人有 90%的成功率就意味着失败，前场运球过人有 90%的失败率则意味着成功。

（3）要掌握好运球过人时的动作距离。运球过人时的过人动作一般掌握在球体距离对手一大步而距离自己只有小半步时为好。并且尽量要保持球与自己的距离近，与对手的距离远，始终保持一种自己能够先于对手一步触到球的状态。

（4）要掌握好运球过人时的身体重心控制。运球过人时要将自身的重心很好地与球的运行结合在一起，要始终保持身体重心的平衡并做到与球紧密相随。运球过人过程中，支撑脚与球的距离应适当的近一点，以便为灵活改变身体重心的移动方向与身体姿势提供有利条件。

（5）要掌握好运球过人的策略。运球过人时，要遵循“与对手运动方向变化相反、与对手的运动速度节奏变化相反、与对手的判断决策变化相反”的基本策略，在改变运球方向、改变运球速度的过程中，变化要真真假假，虚虚实实。要做到快中有变且快而不乱，变中有度且变而不散。

（6）要控制好运球过人的动作连接。运球过人时，连接动作要快速协调。要在对方做出反应之前又做出下一个动作变化，使对方队员始终处于落后于运球过人的行动变化的状态。

1.3.3.3 运球过人的训练方法示例

名称：运球过人，练习场区：20m×20m，人数：5 人 1 组，共两组，器材：球、标志服、标志盘。

方法：先指定某一方开始运球过人，另一方先出来一人防守；从一侧运球突破越过成功，则由对面的同伴逆向过人；防守一方抢到球，则被抢的人变为防守一方抢球（见图 1-5）。

规则：双方计算共多少人运球越过对面的圆圈线，成功越过人数多的一方为胜者。

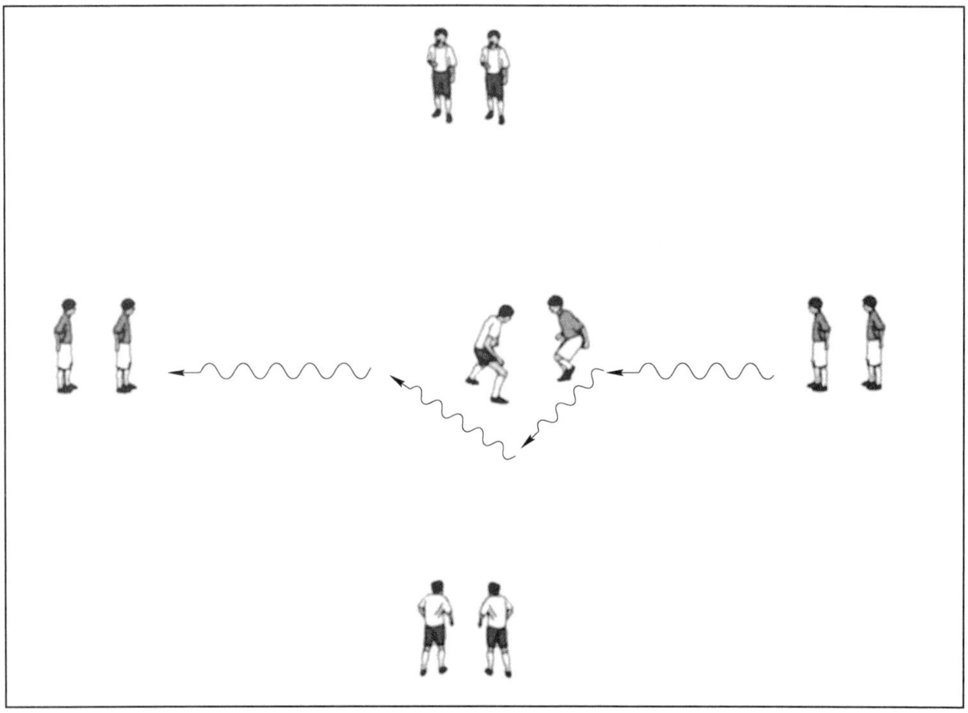

图 1-5　运球过人练习

1.3.4　射门技巧

1.3.4.1　射门的基本概念

射门是指运动员在比赛中采用合理的身体部位触击球，有目的地将球击向（击入）对方球门的个人战术行为。射门是构成局部和整体战术配合的最为核心的要素之一。射门是双方队员在比赛中进行攻守对抗的最终目的，也是队员个人战术能力水平高低的重要反映。

1.3.4.2　射门时的要点

（1）要及时观察，抓住有利时机。要充分利用对方防守瞬间出现的漏洞进行射门。

（2）要快速准确，突然有力。射门实施动作要快速、突然，在实施射门动作前应当尽量少有准备动作，以免暴露自己的射门意图。能够在快速中保持准确射门角度，在突然施射中保持足够的射门力度。

（3）要观察利用对方守门员的弱点。如对方守门员的视觉障碍、位置偏差、技术优劣等。

（4）快速选择恰当的射门方法与策略。如近球门时以快与巧为主；远离球门时则以大力射门与角度准确为主。

1.3.5 接应技巧

1.3.5.1 接应的概念

接应是一种无球的战术行动。它是在局部区域制造以多打少、瓦解对方牢固防守的有效手段，能为本队创造更多进攻点，并能促进进攻战术的灵活多变。

一般场上的 10 名进攻队员可分为第一进攻者（持球队员）、第二进攻者（接应队员）和第三进攻者（跑位队员）。在实际比赛中，为了构成局部以多打少的格局，接应队员可有 2~4 名；在任何情况下，至少应保持一名接应队员。接应队员的跑动，通常是在持球队员的后侧方，像战斗机群中“僚机”和“长机”的队形。“僚机”要形影不离地保护“长机”，但有时自己处于有利的进攻点时，也可以摆脱“长机”去攻击对方，而此时的“长机”就要保护“僚机”。

1.3.5.2 接应的作用

防守者在比赛中不断向控球队员施压并阻止其向前传球，接应就是为了解除控球队员的压力。当选择能够接应同伴回传球的位置时，就可达到接应的目的，完成控球队员无法完成的事——向前传。随着当今世界足坛逼迫式打法的发展，有效的接应在进攻中显得更为重要。

1.3.5.3 接应者的具体作用

A 进攻作用

由于接应者所处位置，允许他有更广阔的场上视野，视察并弥补持球队员不能看到的场上动态和发展局势。

B 防守作用

一旦持球队员失去控球权，他可迅速转换职能作为有球区域的第一防守者。

C 精神作用

由于他在持球者附近，可以呼应，使持球队员增强了处理好球的信心。同时，由于他的呼应，也分散了防守队员对持球队员的注意力，为持球队员的进攻创造了更有利的条件。

1.3.5.4 接应的要点

接应持球队员时，要考虑到与持球队员的距离、角度和呼应。

A 距离

接应的距离与接应时的场区（见图 1-6）、防守压力有密切关系。在进攻三区（亦称前场）时，由于受时间、空间的限制，接应距离一般为 4~5m，可随时提供即刻接应和援助。在中区（亦称中场），由于有较大的空间，接应距离一般可在 8~12m，这一区域通常为攻、守的过渡区。接应队员的位置对改变攻击方向和打法起到积极作用。在防守三区（亦称后场），由于对手的减少，争抢的压力要少于上述两个区域，故接应者的距离可为 10~25m，这样更有利于掌握好进攻面。合适的接应距离取决于场上防守压力和个人习惯。但掌握好接应距离是作好接应的重要保证。同时，场地的条件对接应距离也会有所影响。在颠簸的地面上比赛时，队员就需要稍多的时间来控好球，接应队员应处于稍远的位置；在球速慢、潮湿的场地比赛时，接应距离应比在球速快、干燥的场地更近些。

在进入进攻三区时，接应队员要牢记：接应点过近会使球的周围人员拥挤，留给自己向前传球的时间不多，过早地堵塞了空当。接应点太远对防守压力减少，有利于防守者构成以多防少的局面，持球队员传球时球易被截断。一旦持球队员失去控球权后，接应队员投入防守的时间相应增长。

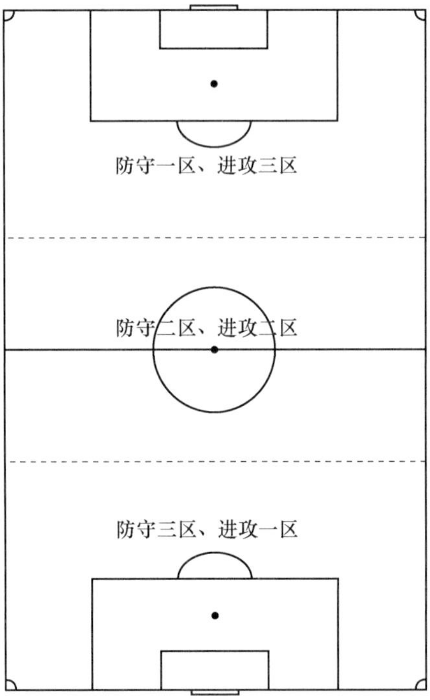

图 1-6　足球场场区划分

B　角度

接应的角度一般靠内，好处是：

（1）持球队员很容易看到接应者；

（2）持球者可向接应者快速传球、传好球；

（3）传球范围大；

（4）场上视野广有利于观察和控制场上情况；

（5）持球者一旦丢球，便于转换成防守者。

C　呼应

呼应是接应技巧的组成部分，也是与同伴联系的信号。比赛中呼应用语要简练、洪亮。呼应不仅可为持球者提供信息和技术提示，也可增强同伴的信心和勇气。

1.3.5.5 接应职能的转换

A 接应队员的基本职能

接应队员（即第二进攻者）的基本职能是选择合理的位置接应持球队员，但这一职能并非固定，他的行为也未必完全受此束缚。根据场上形势，同样可以采取切入门前的能动性跑位，对防守形成直接威胁，而让其他队员再补上接应。

B 利用交叉配合变第二进攻者为第一进攻者

当持球队员与接应队员被对方逼得很紧时，接应队员与持球队员可做相向交叉跑动。在交叉配合时，无球队员可在对方对移动情况不明时把球带走，由第二进攻者变换成第一进攻者。在这一变换过程中，如果护球动作完成得很好，防守队员就很难看清球的运行，再加上交换控球后的突然变速，防守者是很难盯紧持球队员的。

C 接应队员与持球队员的变换可通过第三个同伴的跑动实现

（1）前后换位：见图 1-7。

（2）交叉换位：见图 1-8。

（3）里插外拉：见图 1-9。

（4）横向换位：见图 1-10。

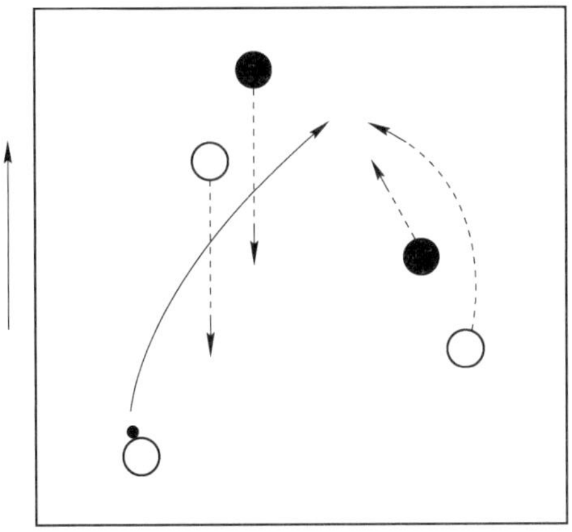

图 1-7 前后换位

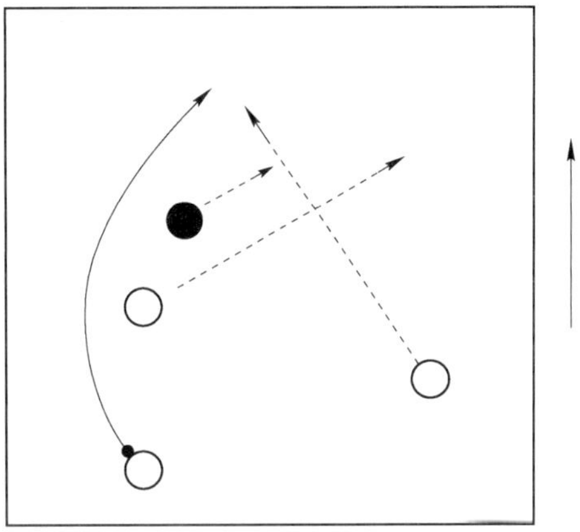

图 1-8 交叉换位

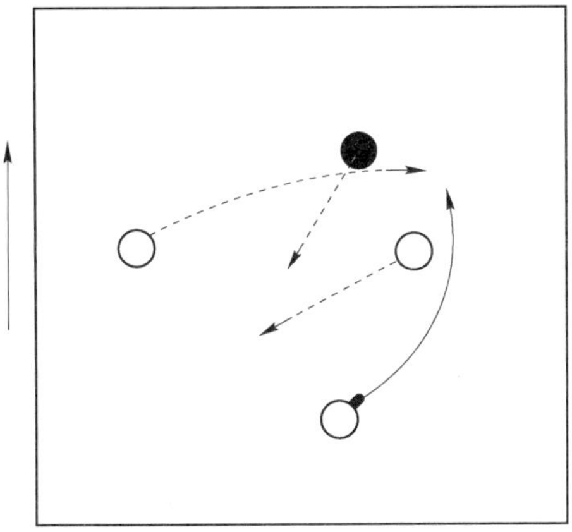

图 1-9 里插外拉

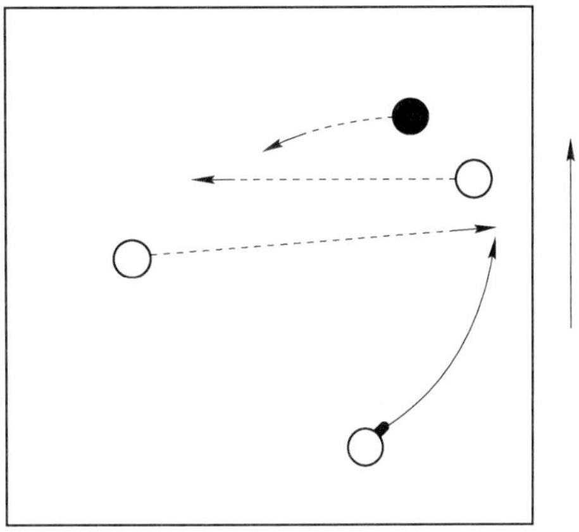

图 1-10 横向换位

1.3.5.6 接应中常见问题及注意事项

A 常见问题

（1）无接应。如边路持球队员进攻时，进攻队员都向里插入，无人接应持球队员，使持球队员陷于孤军作战的局面；又如，当中间队员持球时，接应队员都想前插突破对手防线接球，此时易使持球队员被对手逼死，无法向前传球。

（2）接应队员跑位不合适，使持球队员无法传球。

（3）与持球队员靠得过近（或过远），接到球后也无法向前快速推进。

（4）全挤在中路，不能充分拉开，无法利用场地的宽度给防守者制造困难。

（5）接应队员缺乏呼应，致使接应队员插上跑动与持球队员的传球不能达到同步。

B 注意事项

（1）接应中应遵守距离、角度原则，但不可过多地用这些原则束缚队员，要允许他们根据比赛场面随机应变，综合运用。

（2）无球队员应牢记，在持球队员附近至少应有一人接应，而邻近队员对该位置要及时补位，养成接应的观念和习惯。

（3）接应队员既要有积极向前突破的观念，又要有随时可能变为防守者的想法。

1.3.5.7 训练方法示例

（1）在 20m×10m 的场地上，进行 3 对 2 练习。

要求：无球队员要设法按接应要点进行。开始练习时。两名防守者可作消极防守，待熟悉后按比赛要求进行。

练习的目的：使接应队员在跑动中寻找合适的接应点。

（2）在 15m×10m 的方格场地内进行练习。场地的一端设一名供球队员①号，另一端有一名目标人③号，在中间区域是 1 对 1、②号对防守队员的局面（见图 1-11）。

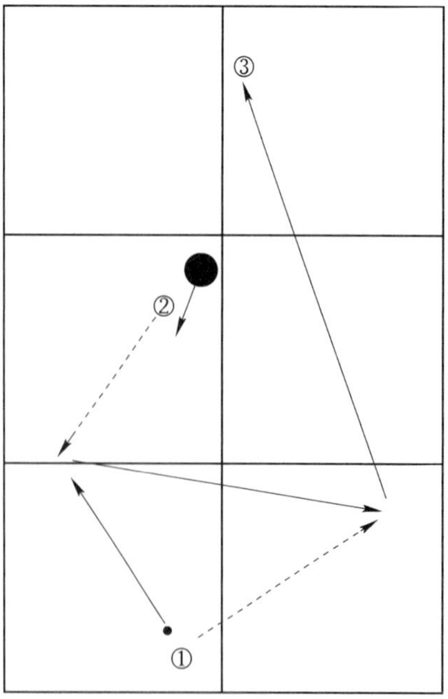

图 1-11 接应训练方法 2

当①号向②号传球时，②号迎球移动。①号向左侧传球后，立即向右侧移动创造开阔的策应角度。②号下一步行动则取决于防守者的行动。一般有两种可能：

1）如防守者不紧跟②号，②号就可转身将球传过防守者落到③号的脚下；

2）如防守者紧盯②号，②号可将球传给①号，①号就可轻松地从此位置将球传过防守者头顶落在③号脚下。

练习的目的：提高接应者场上观察能力及移动时保持良好距离和角度的能力。

（3）练习的发展：1）可减少场地宽度，为创造接应角度增加难度；2）仍采用10m×15m的方格场地，场地两端各画一个半径为4m的半圆，分别设一名目标人①号和②号，限制他们在该区域内活动，半圆外的局面是5名进攻者和两名防守者，在场地两端的方块内实行越位规则（见图1-12）。

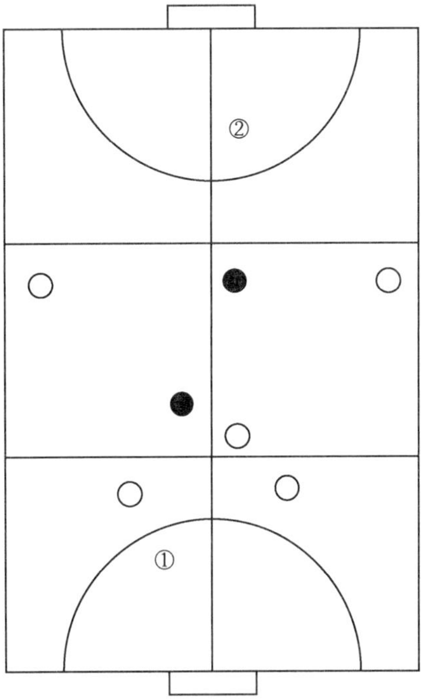

图1-12　接应训练方法（进阶）

进攻队员必须通过传球配合突破②号。然后②号把球传给任何一名进攻队员，由进攻队员再去进攻①号。进攻队员的传球必须是地面球，且不能再次传给目标人。规定用地面球是为了确保接应角度和传球角度的迅速变化。不许把球回传给目标人可促使进攻队员间相互策应。

练习的发展：1）要求进攻队员中后面的两名队员一次触球，以加快队员进入接应位置的速度；2）限制所有进攻队员一次触球；3）对练习不加任何限制。

1.3.6 紧逼与保护技巧

1.3.6.1 紧逼的概念

所谓紧逼是指防守队员几乎能接触到被防守者，并且用一个动作就可以直接阻碍进攻队员的防守方法。无论个人还是集体防守，紧逼都是最主要的防守方式。紧逼有时并不一定能够直接抢下球，但由于紧逼队员的干扰，能够为其他队员的抢球创造良好的契机，造成进攻队员的失误。

1.3.6.2 紧逼的重点区域

根据战术要求，队员可以在球场的任何区域实施紧逼，但防守三区是紧逼的重点区域。因为防守三区处于对手的射程之内，防守队员的任何疏忽都可能破坏本队的防守。防守三区的紧逼，(1) 可以给进攻队员以持续的压力，迫使其产生错误的选位和接应；(2) 限制对手获得球的时间和空间，使有球对手因慌乱而丢球。因此。在防守三区必须对有球的对手实施贴身紧逼。

中区是组织进攻的重点区域，也是实施紧逼防守的重点区域。当本队在中区取得人数上的优势时，必须对对手实施紧逼，最大限度地破坏对方中区的进攻组织，为本队在防守三区的有效防守提供有力的支援。

1.3.6.3 紧逼的距离

紧逼的距离一般离对手1~1.5m为宜。这样既能随时断截对方的传球，又能在对方转身突破时处于领先对手的位置。此外，紧逼的距离还取决于下列因素：

(1) 速度。这个因素对后卫及其防守对象尤为重要。如果防守队员比对方前锋速度快，则可站在离被防守者较近的地方。如速度慢于对手，采用贴身紧逼是十分危险的。此时，防守队员应当后撤到这样的距离：即使做转身动作后也能比对方抢先接近球。

(2) 技术水平。如果对方技术好，但速度慢，则可贴身紧逼对手，伺机直接破坏对手的接球。对技术较差的对手，可保持较远的距离，这种队员接球需要的距离较大，球弹出后离他较远，可在他接球后实施抢截。

(3) 球所处的区域。当球离本队球门较远时紧逼的距离可稍远，离本队球门较近，威胁较大时，则紧逼的距离要近些。在紧逼盯人的同时，还应始终使自己处于既能观察球又能兼顾对手的位置，并根据比赛情况将紧逼与保护补位、守与攻的转换有机地结合。

1.3.6.4 保护的概念

“保护”是指位于抢球队员（第一防守者）身后的保护队员（也称第二防守者）直接提供增援的防守方法。保护队员所处的位置，可封阻进攻一方对守方球门的威胁。他与抢球同伴之间的距离和位置，应根据球、本方球门和攻方队员的具体位置伺机而变，灵活选择。保护队员的职责主要是处理发生在球周围的各种情况。抢球同伴与对手争夺球的结局，便是保护队员下一步行动的基本依据。

1.3.6.5 保护的作用

(1) 进攻作用。如本队抢球同伴夺球成功，担任保护的队员同样可迅速转换职能成为第二进攻者，即接应队员。

(2) 防守作用。如抢球同伴受挫，担任保护的队员可迅速转换职能成为第一防守者（即抢球者），继续遏制对方的进攻势头。

（3）精神作用。有保护队员居后增援及语言和位置上的呼应与鼓励，第一防守者面对对方的控球队员信心更足，无后顾之忧。

1.3.6.6 保护的要素

保护技巧包括“距离”“角度”和“呼应”三大要素。妥善处理这三大要素及其彼此关系，才能充分发挥保护的重要作用。

A 距离

距离是指第二防守者同抢球队员彼此相隔的距离。保护距离与球在场区的位置及当时攻守局面的发展情况有很大的关系。

（1）防守三区：保护队员与抢球队员之间的距离要近些，大约为4~5m，以便抢球同伴被对方击败后能及时补位，阻截对手继续展开更有威胁的进攻。特别是在本队门前罚球弧一带的攻防关键区域，处于球附近的每一位进攻者都是有威胁的，保护队员对他们都应严加盯防，时刻保持高度的警戒，以便对任何有威胁的传球配合及时作出反应。

（2）中区：本区内保护的距离一般以5~8m为宜。既要在距离上考虑到如何有利于保护，也要考虑同抢球者协调配合，迫使持球队员改变进攻方向，增加进攻组织的难度以利于本队的防守。

（3）进攻三区：本区因远离守方球门，因此，对方的进攻不可能对守方球门构成直接威胁，且场地空间大，应侧重保护球周围的空间，这时离抢球者的距离可远些，一般为6~10m。

（4）保护的距离还应考虑到对手的特点和类型：在对付速度型队员时，保护队员应离抢球队员稍远些，以便进攻者突破同伴后有时间选择行动。如距离太近，有可能使速度快的进攻者形成一过二的有利战机。在对付技术型进攻队员时，保护队员则应当离抢球队员更近些，以便在同伴被突破后能及时上前堵截进攻者，使其在更短的时间、更小的空间范围内难于发挥技术优势。如果抢球队员的速度比对手快，保护队员离同伴近些不会有什么问题。如果抢球队员的速度慢于对手，保护队员应距离同伴稍远些。

在任何场区，如果抢球队员与保护队员之间的距离超过10m，那么抢球队员一旦被击败后，保护队员也很难完成任务。

B 角度

a 如何选择适宜角度

适宜角度的选择必须视对手所处的位置和当时攻守局面而定。站位角度一般选择既能为第一防守者提供及时的补位，又能观察邻近攻守方队员的动向，尤其是第二进攻者（接应队员）的行动。一般站位角度为靠球门一侧与抢球同伴成45°（见图1-13）。选择这样站位角度进行保护的有利之处：

（1）保护了抢球同伴身后的要害地带。

（2）对接应队员②号也可兼顾，可施加一定的压力。

（3）抢球队员容易观察到侧后方的保护队员，彼此便于呼应，增强了防守者的信心。

（4）一旦抢下球后能迅速转入接应。

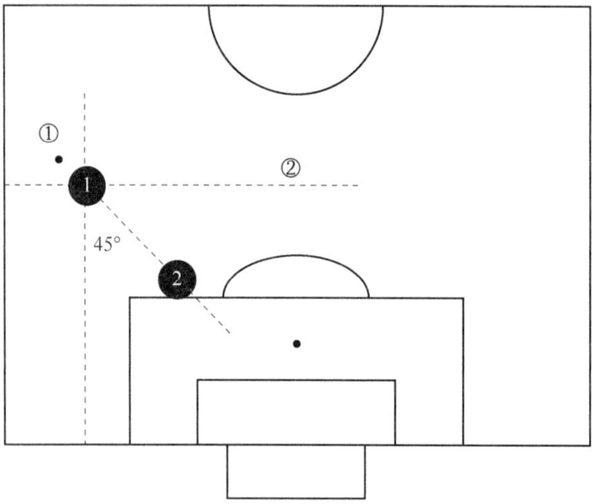

图 1-13　接应角度

b　易犯错误

（1）站位角度缺少宽度。第二防守者❷站在第一防守者❶垂直线的身后，远离第二进攻者②号，不能对其施压，也不便断截进攻队员①传给②号的球，直接通向守方球门的通道完全暴露。另外，由于抢球同伴的遮挡视野受限因此很难第一时间判断进攻队员①的进攻方式，从而做出合理的防守判断（见图 1-14）。

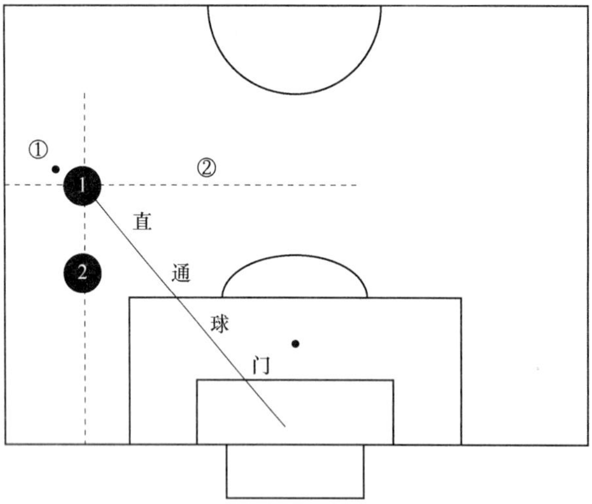

图 1-14　接应错误站位 1

（2）站位角度缺少纵深，基本上与抢球同伴平行站位。致使抢球同伴身后的要害地带暴露，对方可充分利用空出的要害地带发起渗透性进攻，严重威胁本方球门。如果抢球同伴夺下球，接应角度也不好（见图 1-15）。

（3）站位于外侧。这是由于第二进攻者②号跑向第一进攻者①号身后外侧，导致第二防守者❷号也随之位移至外侧。如此站位严重错误，不仅使抢球队员身后的要害地带完全暴露，而且也使抢球队员❶号完全失去同伴的保护，增强了第一进攻队员同抢球队员进行1对1争夺的信心（见图1-16）。

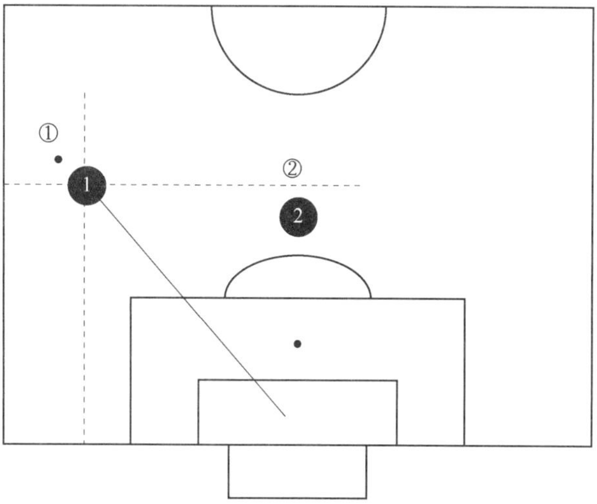

图1-15 接应错误站位2

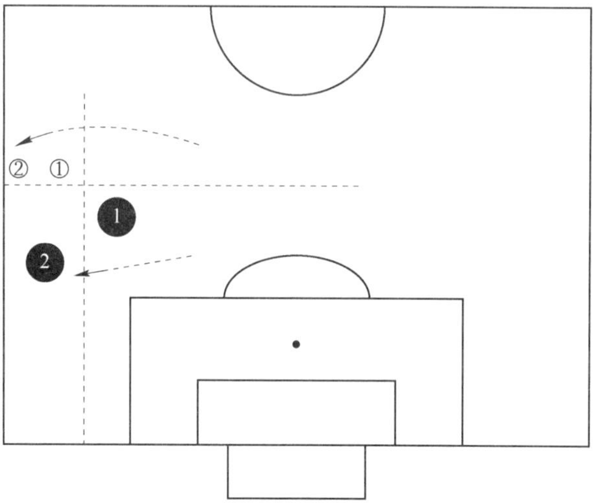

图1-16 接应错误站位3

c 封阻进攻方向

在某些比赛形势下，为了封堵对方最有威胁的进攻方向，保护队员可暂时离开有利的保护位置，原有的保护职责可由邻近的另一同伴承担。举例如下：

（1）保护队员以横向角度站位，协同第一防守者迫使持球的对方队员向里横向移动（见图1-17）。

（2）保护队员以纵向角度站位，封堵内线，配合抢球同伴迫使持球的对手往边上走（见图1-18）。

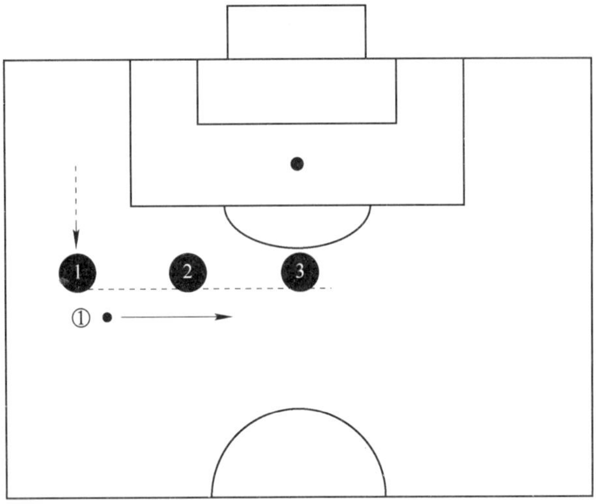

图 1-17　横向站位保护

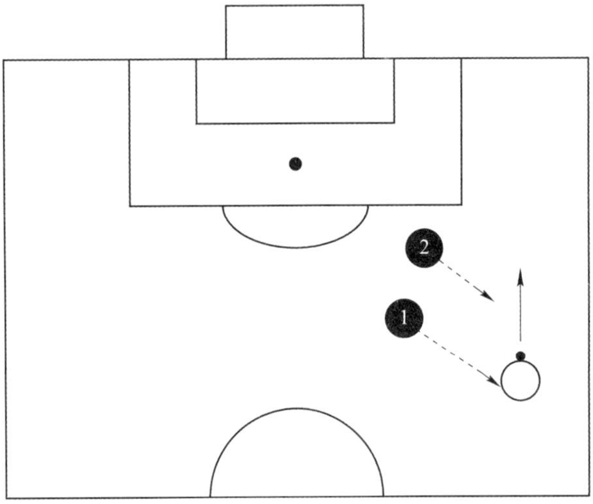

图 1-18　纵向站位保护

C　呼应

呼应是比赛场上的语言联系，也是一支成熟的球队的重要标志。如果队员间相互不呼应，很容易引起防守的混乱。

保护队员应与抢球队员保持呼应，如果抢球队员的位置不正确，保护队员的选位必然很难。保护队员应及时提示抢球队员的站位和行动，比如“逼近些”“迫使他走边路”等。保护队员也应当在语言上对抢球队员加以鼓励，这有助于抢球队员注意力集中并耐心地履行职责。

呼应时用语要简练、明确，声音要洪亮。呼应有利于鼓舞士气、创造气氛、增强全队防守的信心。

1.3.6.7 紧逼与保护训练方法示例

A 三个方格训练法

在10m×30m的三个方格内进行练习。S传球给被❶号盯防的①号，❶号的任务是迫使①号横向活动并阻止其到达对面的端线。同时，❶号侧后还有一名保护队员❷号（见图1-19）。

变换练习条件：（1）在对面端线设一名②号队员，接应①号的传球，这样就增加了❶、❷号防守的难度；（2）限制❶、❷号的抢球条件，不允许采用破坏性防守手段，即不允许用脚将球捅掉。要从①号脚下把球抢夺下来。这增加了防守的难度，对❷号实施保护三要素（角度、距离、呼应）的随机应用提出了更严格的要求。

B 小场地训练法

从方格练习向小场地比赛发展，需要细致考虑、合理安排。比赛场地不能过大，否则由于空当太大，队员将会以大范围的跑动替代准确、细腻的配合，而使身体训练的因素较大，战术练习收效甚小。

练习在30m×20m的方格内进行。各有4名队员，其中包括一名守门员，两端设球门。如进攻队员在距球门不太远的情况下，并且射门的空间无人封堵时，要鼓励队员多射门。要求抢球队员必须严密盯防对手（持球者），阻止其射门（见图1-20）。

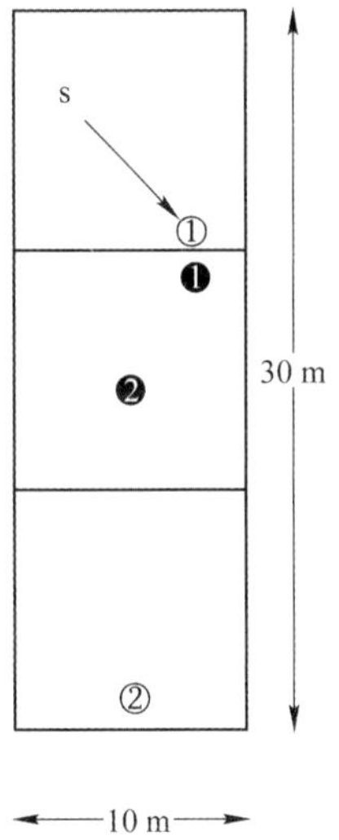

图1-19 三个方格训练法

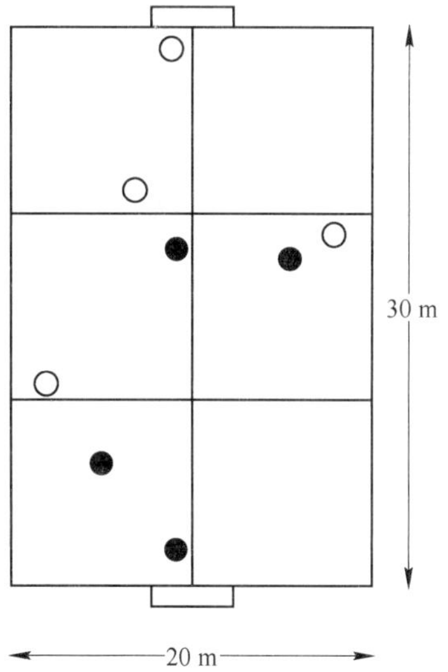

图1-20 小场地训练法

练习的两个重点：（1）尽早抉择。距离控球队员最近的防守者，应当始终担负起抢球队员的职责；（2）呼应明确。队员之间及时呼应以明确由谁盯防控球队员。保护队员的呼应包含技、战术动作上的提示和精神上的鼓励。

有时可能会出现谁距控球队员更近不太明确的情况。此时，常会发生无人盯防控球队员，或两人同时上前盯防、相互不协调的情况。队员应及时“早喊”避免这类错误的发生。这也是防守技巧中至关紧要的部分。“早喊”有利于每名队员果断而正确地作出抉择，形成严密、协调的防守体系。

练习的发展：一旦防守者适应了小场地比赛且能综合运用防守技巧，就应加大练习的难度，使场地和练习人数更接近实战。练习可发展到 6 对 6，包括两名守门员，场地为 60m×40m，用标准球门（见图 1-21）。

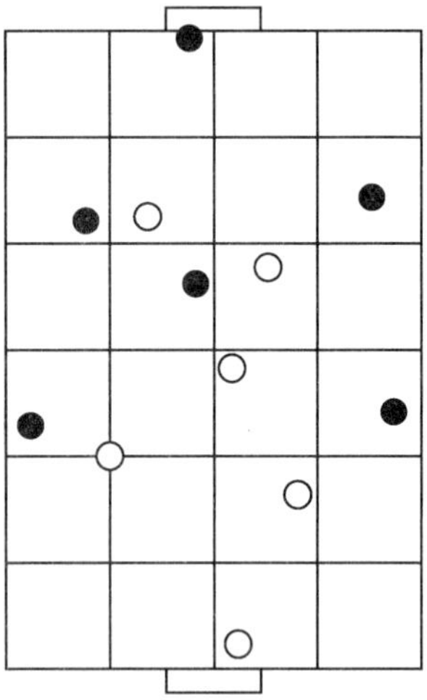

图 1-21　进阶小场地训练法

练习中要有越位规则。如果在这样大小的场地上比赛不实行越位规则，防守者将不会像实战那样拉开，空间就会太大。保护的效果很难体现出来，从而导致练习完全脱离实战。

队员能够有效地进行 6 对 6 比赛后，练习应扩展到 11 人制比赛。练习中，教练员提示队员有意识地反复演练以下技巧：

（1）阻止控球的进攻队员转身面向进攻方向。

（2）将攻方的进攻限制在防守的前面。

（3）迫使持球的进攻者沿边路活动。

（4）迫使持球的进攻者由边向里横向活动。

（5）保护队员应有正确的保护角度和距离，并且应与抢球队员经常呼应。

C　四个方格训练方法示例

练习在 40m×10m 的四个方格内进行。用标准的可移动球门。两名进攻队员面对一名防守队员和一名守门员，一名回位跑动的防守队员位于双方交战位置后方的 10m 处。⑧号传球给⑩号或⑨号时，❻号回位跑动，❸号力争延缓对方的进攻。进攻队员必须在❻号回位之前向球门发起攻击，防守方队员要设法夺回控球权，阻止对方射门。❸号应通过呼喊帮助回位队员❻号选位，提示❻号去逼抢球或为❸号保护（见图 1-22）。

练习的发展：练习中应将延缓对方进攻的防守队员和迅速回位的防守队员进行综合演练。练习人数应包括 5 名防守队员、一名守门员和 5 名进攻队员，在大半个正式足球场内进行，并应充分利用全场的宽度。练习开始时，3 名防守队员❸、❹、❺号防守 5 名白色进攻队员，即以少防多。持球队员⑧号将球传给任何一名进攻队员，进攻队员力求迅速展开攻势，破门得分。当⑧号传球之后，❶号和❷号即开始回位跑动，协同其他 3

名防守队员全力延缓对方的进攻并设法夺回控球权。可把练习场地的范围加长（向守方球门方向延伸），以使❶号和❷号的回位跑动距离更长，从而增加防守一方的难度（见图 1-23）。

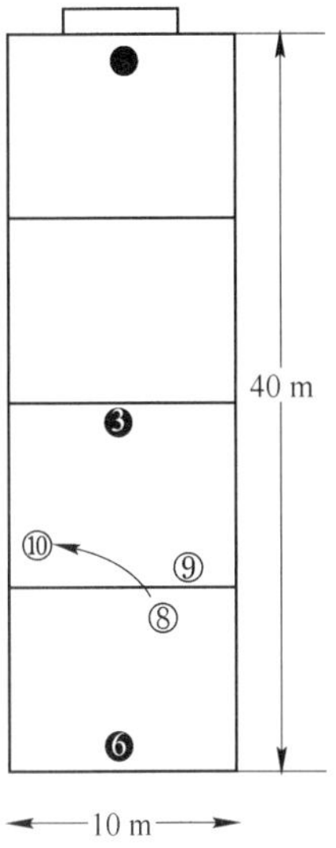

图 1-22　四个方格训练法

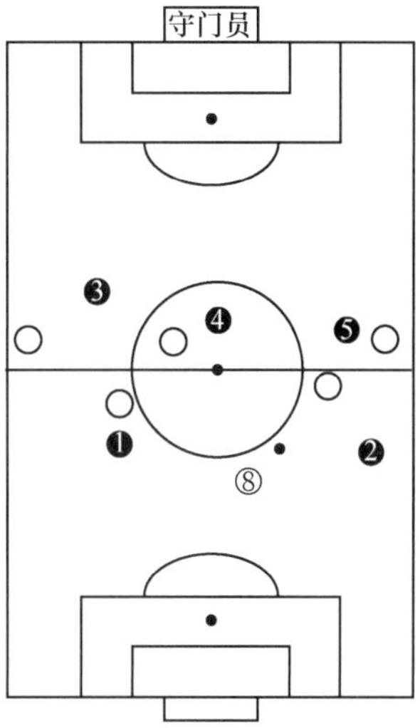

图 1-23　进攻延缓练习

练习要点：

（1）以少防多时，为了延缓对方的进攻速度，防守队员应采取正确的回撤路线（呈锯齿形）。

（2）回位的两名防守队员，应及时正确判断回位跑动路线，以选择最佳的“捷径”。

（3）两名回位跑动的防守队员应判断回位跑动的距离，以使回位时不要离球过远。

（4）当防守队员回位后攻防人数均等时，他们应集中精力完成防守任务，力求尽快夺回控球权。

（5）防守队员应运用他们的所有防守技巧与进攻队员争夺空间，设法夺回控球权。

（6）3 名防守队员应以呼应为回位同伴选位提供帮助。

1.4　小组局部战术配合与人工智能训练方法

1.4.1　二人局部进攻配合

比赛中经常采用的二人配合进攻方法有传切配合 2 过 1、踢墙式配合 2 过 1、回传反切 2 过 1 和交叉掩护 2 过 1。2 过 1 是足球比赛中最常用、最有效、最简捷的进攻配合方法。在球场任何一个区域、任何两名同队队员都可以采用。在局部区域，二人进攻配合能力的强弱直接反映了全队进攻配合的质量；也反映了队员的技术水平、战术意识及配合默契的程度。

1.4.1.1 传切配合 2 过 1

传切配合 2 过 1 是两名进攻队员通过一传、一切配合越过一名防守队员的配合方法。

（1）斜传直插 2 过 1（见图 1-24）。

（2）直传斜插 2 过 1（见图 1-25）。

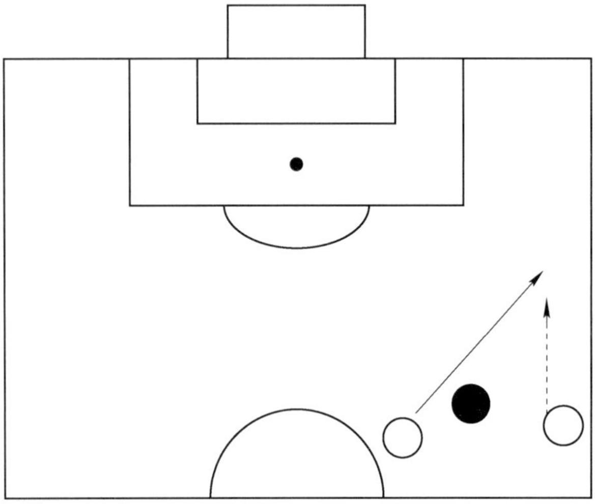

图 1-24 斜传直插 2 过 1

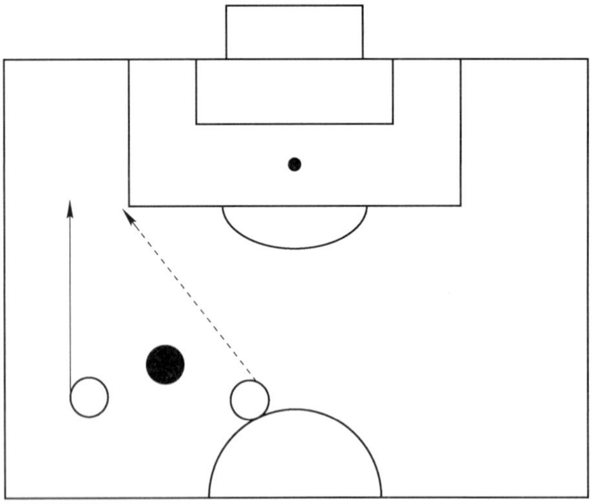

图 1-25 直传斜插 2 过 1

斜传直插和直传斜插 2 过 1 都是指通过一次传球和穿插就越过一名防守队员的配合，在比赛中十分简捷实用。在进行配合时，两名进攻队员要保持适当的距离。控球队员可采用运球或其他动作，诱使防守者上前阻截。插入的队员必须突然、快速起动，但应避免越位。

斜传直插的真实比赛案例：队员 A1 在边路 1 对 1 成功突破 B1 持球推进，此时防守队有 3 人回追，局部形成 2 防 3 的半场攻防场景，根据传球的基本要点，队员 A1 此时有很多种选择，当然他的选择取决于防守队员的站位以及队友的跑位情况。在正常防守情况下，B2 应该限制 A1，并封闭 A1 给 A2 的传球线路，B3 跟防 A2，进行压迫，与 B2 形成双后卫协同防守，而异侧的 B4 向内进行保护，同时防止 A1 内切，但是三名防守队员只是按照既定的漏斗型防守向罚球区一侧后退（见图 1-26）。当 B2 决定上前压迫 A1 时，A2 通过反复的回头观察，选择利用鱼钩跑从 B2 的盲侧斜插，A1 看准时机，用右脚的外脚背隐蔽地向前送出直传球与 A2 完成了连线。A2 在接球后有足够的时间和空间观察门将的位置，调整射门，最后选择利用外脚背进行射门，并完成了得分（见图 1-27）。

图 1-26　假想防守情况

直传斜插的真实比赛案例：进攻队员前场界外球，在发生连续球权转换的时候，防守方中后卫 B2 在如此快节奏的攻防转换中无法抬头观察场上情况，当 B2 发现 A1 马上要在两条线之间拿到球时，本应于临近的球员在同一纬度下阅读比赛并做出统一的小组行为。如果 A1 不停球，直接将球传给鱼钩反跑里的 A2，B1、B2 和 B3 就要在 A1 出球之前同时回退保护身后的纵深空间；如果 A1 持球推进，B2 则应对 A1 进行压迫，其他两名队友斜线保护 B2 身后空间；如果 A1 将球停在脚下，进行控球，并且 B4 和 B5 回追进行压迫，从背后给 A1 压力，此时防线上的三名球员的注意力则不能再是 A1，而是判断 A1 可能传球的 A2 的下一步行为。但是在比赛中，当 B2 头球解围后，没有注意到 A2，而是凭经验判断 A2 在拉开空间后，会接一个斜传球，但是 A2 在拉开空间后反向回插，与 A1 连线完成了直传斜插配合，此时 B2 的身位是传球的反方向，所以当他回追的同时还需要转身，与 A2 拉开了身位（见图 1-28）。

图 1-27　斜传直插场景

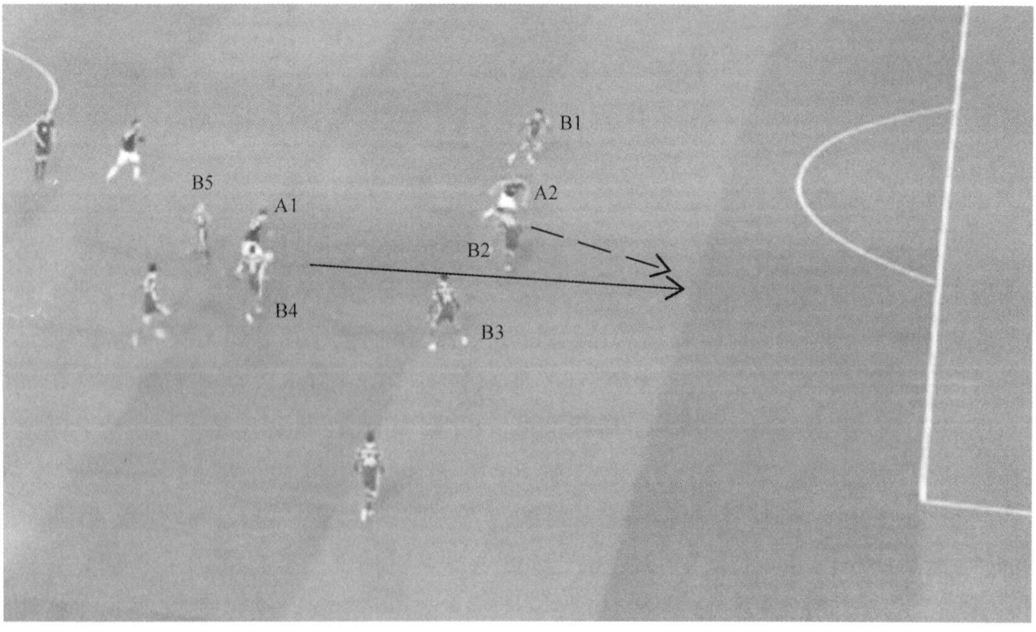

图 1-28　直传斜插场景

1.4.1.2 踢墙式 2 过 1

踢墙式 2 过 1 是两名进攻队员通过两次传球越过一名防守队员的配合方法（见图1-29）。

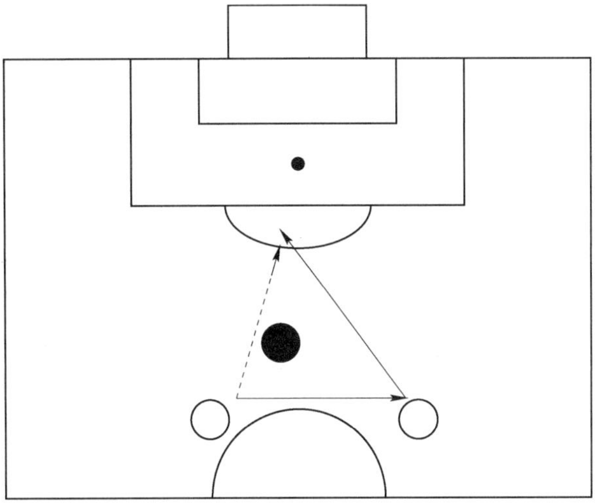

图 1-29 踢墙式 2 过 1

A 对持球队员的要求

（1）带球逼近防守队员，把防守队员吸引过来，距离 2~3m 处传球。

（2）最好传地滚球，力量适度，方向准确。

（3）传球后立即快速插入，准备接球。

B 对接应队员（即做墙队员）的要求

（1）当控球同伴带球逼近防守队员时，接应队员要突然摆脱防守者与持球同伴形成三角形位置，并侧对进攻方向，以利于观察传球。

（2）一次触球，力量适当，传球到位，尽量传地滚球。

（3）传球后立即跑位，寻找再次进攻配合的有利位置。

踢墙式 2 过 1 配合的真实比赛案例：队员 A1 在边路拿球面向两名防守队员 B1 和 B2 的压迫，此时 B1 和 B2 身后有进攻队员 A2，A1 拿球后首先将球控在脚下，吸引 B1 和 B2 的防守，在 B1 和 B2 上抢至自己身前时，A1 从 B1 和 B2 之间的空挡将球传给 A2，并快速前插，准备接球。A2 观察好 A1 传球后前插的行为，判断出两人可以踢墙式 2 过 1 配合，于是在原地将球传给跑动中到达防守队员 B2 身后的 A1，打穿了 B1 和 B2 组成的防线（见图 1-30）。

1.4.1.3 回传反切 2 过 1

回传反切 2 过 1 是通过 3 次传球组成的配合方法（见图 1-31）。

A 对持球队员的要求

（1）持球队员距接球队员 8~10m 处传球。

（2）要向接球队员脚下传球，力量应稍大些。

（3）接回传后，立即将球传到防守队员身后的空当，传球要到位，力量要适当。

图 1-30　踢墙式 2 过 1 配合

B　对反切队员的要求

（1）回撤接球要逼真，以引诱防守队员实施紧逼，制造防守队员身后的空当。

（2）回传球应传脚下球，传球力量稍大些。

（3）回传后，迅速转身，插向防守队员身后的空当。

运用回传反切 2 过 1 配合时，要有一定的纵深距离。特别是在罚球区前中路地区，要估计到守门员可能出来断截的情况。

回传反切 2 过 1 真实比赛案例：进攻队员 A1 在中场附近将球从 B1 脚下断下，直接将球传给进攻球员 A2，进攻球员身后有三名防守队员 B2、B3 和 B4，A2 假装向内线接球后直接一脚回传给 A1，随后调整节奏，绕道防守队员 B2 的身后，瞬间加速前插，此时 A1 接回传球后一脚打穿 B3 和 B4 的空挡，将球送给前插的 A2，完成了回传反切 2 过 1 配合（见图 1-32）。

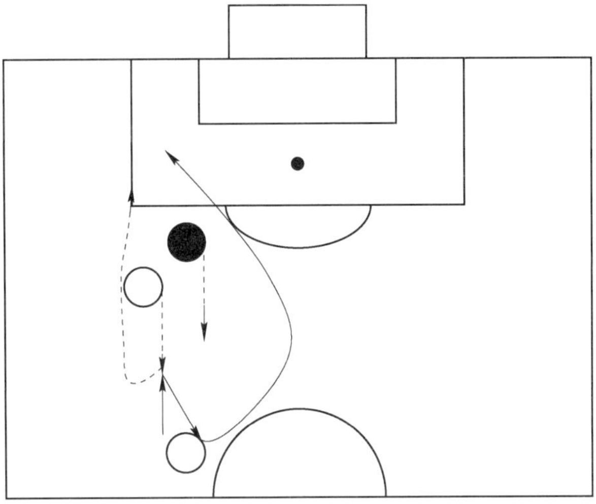

图 1-31　回传反切 2 过 1

图 1-32　回传反切 2 过 1 配合

1.4.1.4　交叉掩护 2 过 1

交叉掩护 2 过 1 是两名进攻队员通过运球与身体的掩护越过一名防守队员的配合方法（见图 1-33）。

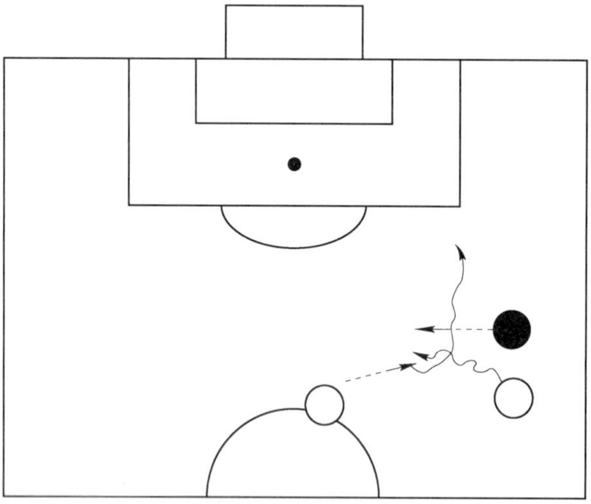

图 1-33　交叉掩护 2 过 1

A　对持球队员要求

（1）用远离防守者的脚带球，将身体置于球与对手之间保护球。

（2）与同伴交接球时可做运球假动作而不触球。

（3）完成配合后要继续跑位进攻。

B　对接球切入队员要求

（1）靠近运球同伴以接应之势迷惑对手。

（2）选择有利时机突然起动，接带球越过对手。

交叉掩护2过1配合真实比赛案例：进攻队员A1在边路拿球，传给处于罚球区附近的队员A2，此时防守队员B1和B2都做出了伸脚阻断A1向A2传球的动作，因此在落地之前，A1占据了反应时间的优势，A2顺势用远离防守队员的脚将球停住，兼顾了对球的保护和传球的速度，此时A1迅速从B1和B2之间插上，当A1跑动至A2身前时，A2轻轻将球踢给A1，A1顺势用左脚将球带入球门区，由于A2提前站在了罚球区角的位置，因此B1、B2想要跟防A1时必须绕过A2，增加了跑动距离，而防守队员B3则受到A2假动作的迷惑（以为A2要拿球转身），也被A2挡在了身后，没能第一时间对A1的进攻进行压迫，因此A1和A2成功完成交叉掩护2过1配合（见图1-34）。

图 1-34　交叉掩护 2 过 1 配合

1.4.1.5　二人进攻战术传统练习方法

A　踢墙式配合练习 1

2 人一组，一侧队员运球向前，另一侧队员根据运球队员的速度进行跑动要球，接球后将球传至队友身前，完成一次墙式配合，要求队员在一定距离内完成多次配合，如图 1-35 所示。

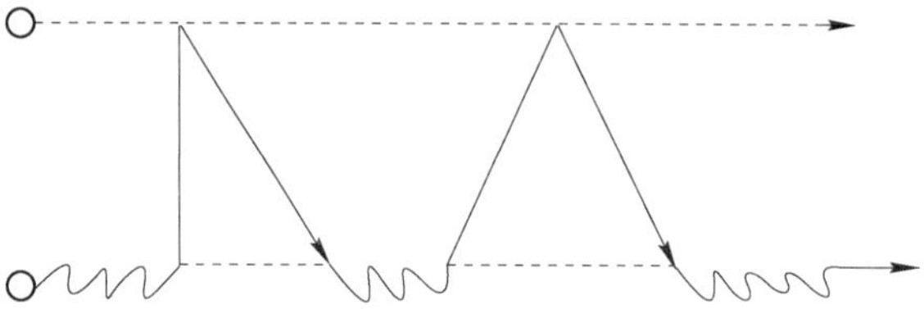

图 1-35　踢墙式配合练习 1

B　踢墙式配合练习 2

如图 1-36 所示，④号运球与①号做踢墙配合后将球传给②号并跑到③号的后面，①号做完踢墙配合后跑到⑥号的后面。

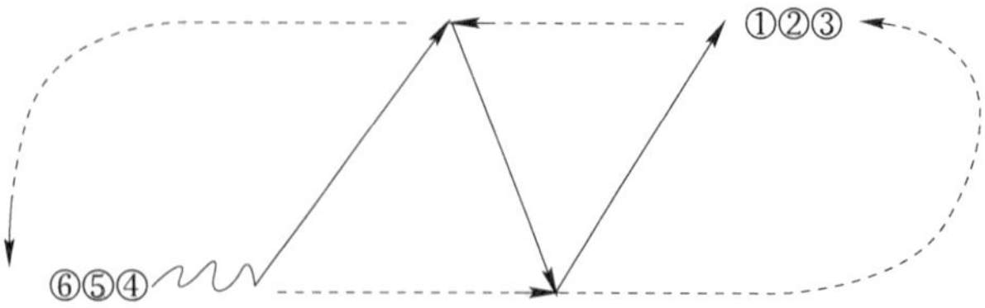

图 1-36　踢墙式配合练习 2

C　各种 2 对 1 配合加射门练习

两名白色队员组织进攻，一名黑色队员进行防守，要求队员通过不断的位置调整与传球配合完成射门，教练员可以规定队员传球次数提高训练难度（见图 1-37 和图 1-38）。

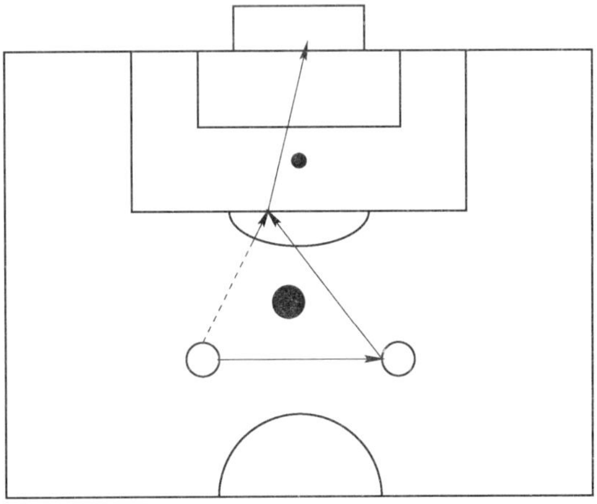

图 1-37　2 对 1 加射门练习 1

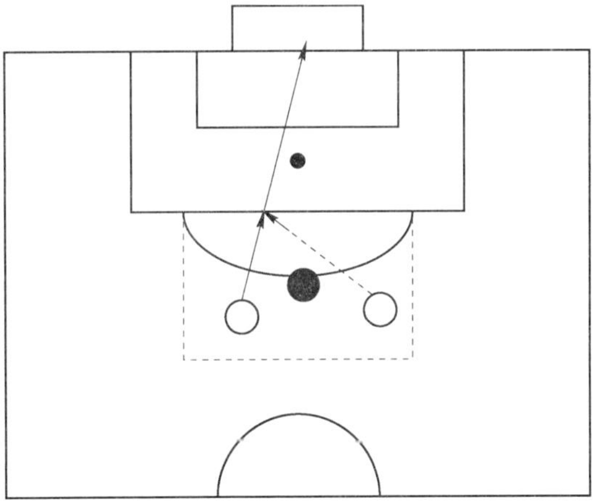

图 1-38　2 对 1 加射门练习 2

D　小场地 2 对 2 练习

在 10m×20m 场地上设两个门球进行 2 对 2 练习。防守方须有一人为守门员，在规定时间里互相开展攻守（见图 1-39）。

1.4.1.6　二人进攻人工智能战术训练方法

场景 1：在 2 对 2 场景中，进攻球员 A1 持球，防守队员 B1 从左侧跑来对 A1 进行压迫，与此同时，进攻队员 A2 迅速从右侧边路向中路前插，防守队员 B2 受到反应时差的影响落后于 A2 半个身位。根据以上情景判断，由于 B1 的上抢导致其身后出现空间（见图 1-40），并且进攻队员已经起动向两名防守队员身后的空间前插，满足完成直传斜插配合

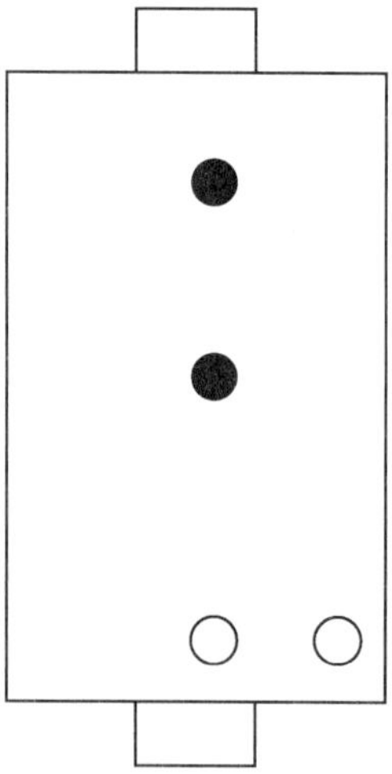

图 1-39　2 对 2 练习

的条件，A1 可以利用右脚（远离防守队员 B1 压迫一侧的脚）脚内侧传球技术将球直塞到圆圈区域与 A2 完成直传斜插配合，打破 B1 与 B2 的防线。

图 1-40　二人进攻人工智能战术训练场景 1

场景 2：在 2 对 2 场景中，进攻球员 A1 持球，防守队员 B1 和 B2 分别从左侧和右侧跑来对 A1 进行压迫，与此同时，进攻队员 A2 利用防守队员的视野盲区成功绕到 B1 身后从左路向中圈区域前插，此时 A1 的传球目标很明确，但是可以采取很多种传球方式及方向，比如传到 A2 的脚下，但是这种传球不利于进攻的发展，因为跑动中的 A2 接传至脚下的球势必要进行转身，这一动作不但会延缓进攻速度，还会将 A2 的身体朝向侧对进攻方向甚至背对进攻方向，违背了进攻的原则。因此为了更好地完成进攻配合，A1 可以选择传球至圆圈区域（见图 1-41），让 A2 能够有时间在跑动中判断下一步行为，从而更好地组织进攻。需要注意的是，A1 的传球应该注意传球的力度、时机，所谓力度，应该将球传至区域内，让队友 A2 能够在原来的跑动路线上轻松拿到球；所谓时机，应该在观察防守队员行为的基础上作出判断，比如 B1 和 B2 在不改变跑动方向的情况下，尽可能的在两名防守队员靠近自己但不足以将球断下并且没有将传球角度封死的时候将球传出，为 A2 创造足够的空间和时间处理球。

图 1-41　二人进攻人工智能战术训练场景 2

1.4.2　三人局部进攻配合

三人进攻配合，一般指在局部区域由 3 名进攻队员攻击两名防守队员（即 3 对 2）的战术配合方法。它与两人进攻配合相比，具有进攻面广、传球点多、战术变化大的特点，对防守的威胁也较大。因配合是由 3 人组成，复杂性和困难程度比两人配合大，对队员的要求也更高。

1.4.2.1　打第二空当

第二空当是指当一名进攻队员跑向一个有利的空当（第一空当）并牵制一名防守队员时，使原区域出现了空当（第二空当），第二个进攻队员迅速插向第二空当，利用传接配合，突破防守（见图 1-42）。

A　打第二空当配合对 3 名进攻队员的基本要求

（1）跑动要逼真，能将防守者从原防守的位置上吸引开来，以形成空当。接应者应及时摆脱，迅速插向空当。传球者要掌握好传球的时机与传球的落点，使拉扯、切入、传球做到一气呵成，恰到好处。

（2）根据比赛场上的实际情况要善于变化。打第一空当与打第二空当或第三空当相结合，使守方防不胜防，就能起到更佳的效果。

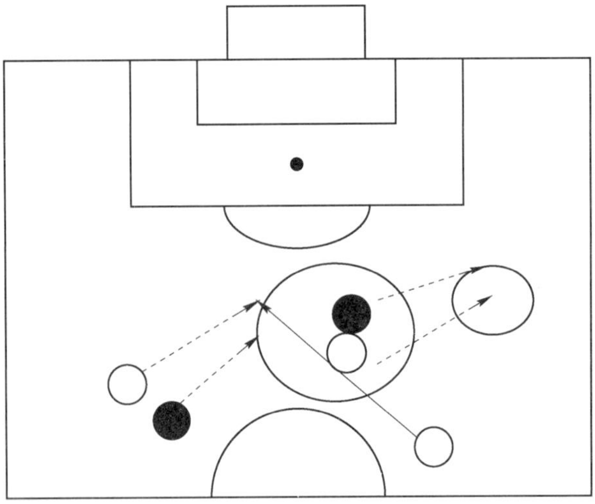

图 1-42　第二空当

B　三人打第二空当配合真实比赛案例

进攻球队在后场持球准备向前推进，进攻队员 A1 在进攻一区处持球，此时局部形成 4 对 4 局面，每一条传球路线上的队员都有防守队员盯防。进攻队员 A2 在中圈附近迅速回撤接应，起到了中场过渡的作用，随后顺势与进攻队员 A1 完成了回撤，既将防守队员 B1 从中圈吸引至本方后场，又没有改变 A1 的进攻方向（见图 1-43）。此时进攻队员 A3 发现 A2 通过回撤制造的第二空当，迅速前插，决定抢占空间（见图 1-44），进攻队员 A1 传出直塞球，3 人成功利用第二空当打破对方防线，形成单刀局面。

图 1-43　回撤制造第二空当

1.4.2.2　连续 2 过 1 配合

连续 2 过 1 至少由两组 2 过 1 配合组成（见图 1-45）。

图 1-44　插入第二空当抢占空间

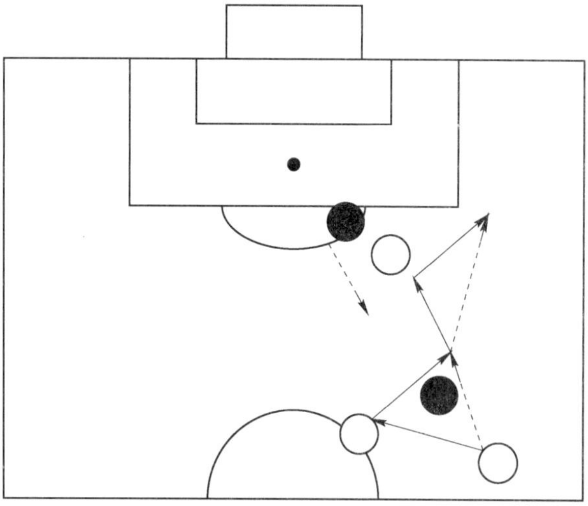

图 1-45　连续 2 过 1 配合图示

A　在三人配合时的要求

（1）3 名进攻队员的位置基本上呈三角形。两名无球队员不能一起跑向同一个点造成位置重叠。

（2）控球者在传球前应注意观察，选择最有威胁的进攻配合。

B　连续 2 过 1 配合真实比赛案例

进攻队员 A1 在边路后场拿球准备向前推进，防守队员 B1 对其进行防守，进攻队员 A2 稍作回撤接应，成功与进攻队员 A1 利用墙式 2 过 1 配合将球打到防守队员 B1 身后。此时 B1 仍在回追防守，A1 稍作调整继续与队友 A3 寻求墙式 2 过 1 配合，在 B1 进行放铲触球之前掌握时机将球传到 A3 脚下并且快速前插，此时防守队员 B2 被迫选择封堵持球队员 A3，A3 则在 B2 转身之际将球传至 A1 的跑动路线，当此次墙式 2 过 1 完成，A1 已经持球突破至禁区，形成单刀局面，通过两次连续 2 过 1 的配合成功将球从中后场发展到了禁区内部（见图 1-46）。

B1
A1

A2
B1
A1

A3
B2
A1
B1

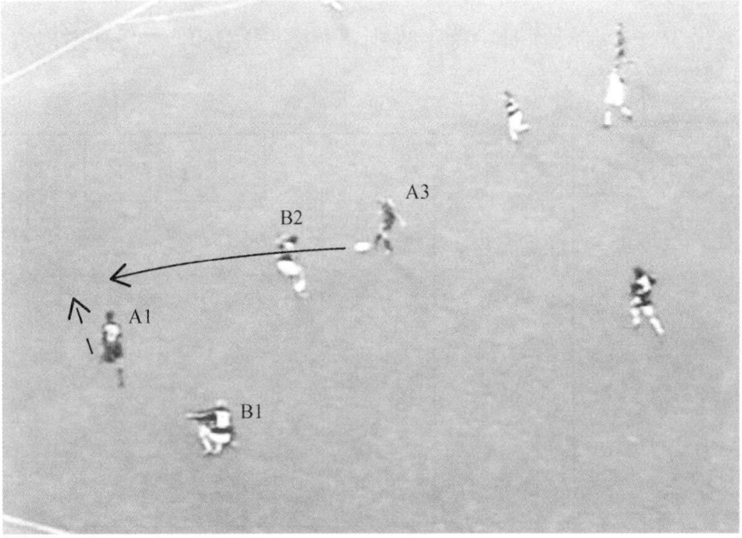

图 1-46 连续 2 过 1 配合

1.4.2.3 三人局部进攻配合传统练习方法

A 打第二空当练习 1

①号持球与②、③号呈三角形，相距 10~15m。③号向第一空当扯动，①号将球传向③号扯动后留下的空当，②号插入空当接球。这时②号持球，①号向原②号位置上扯动，②号将球传到原①号位置上，③号插入空当接球（见图 1-47）。

B 打第二空当练习 2

在 20m×20m 的方块场地进行 2 对 2 加一名中间人练习。中间人协助一方形成 3 对 2（见图 1-48）。

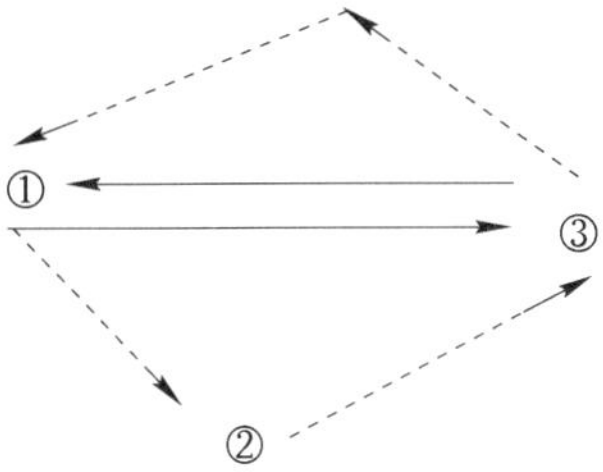

图 1-47 打第二空当练习 1

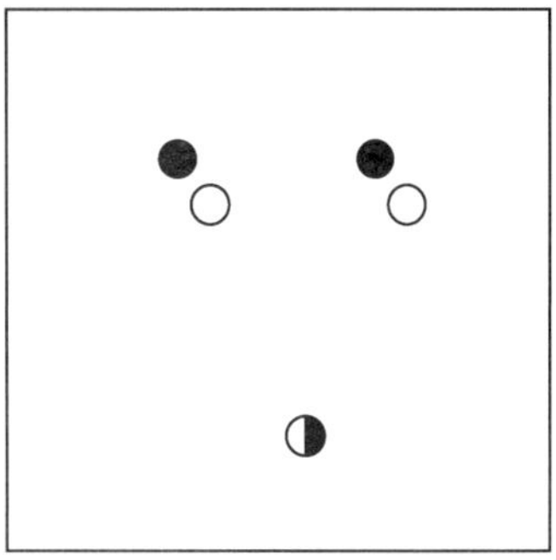

图 1-48 打第二空当练习 2

C 打第二空当练习 3

在 20m×30m 场内进行 3 对 3 练习，设两个球门。守方一人做守门员形成 3 对 2，连续往返攻守（见图 1-49）。

D 打第二空当练习 4

半场中路进行 3 对 2 射门练习。特定规则：最多三次传球，必须射门（见图 1-50）。

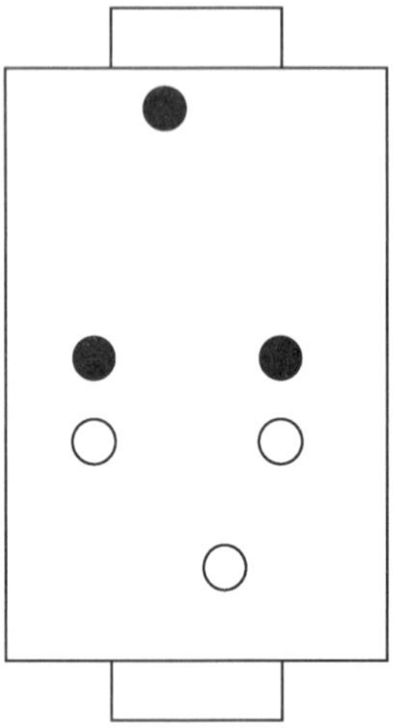

图 1-49 打第二空当练习 3

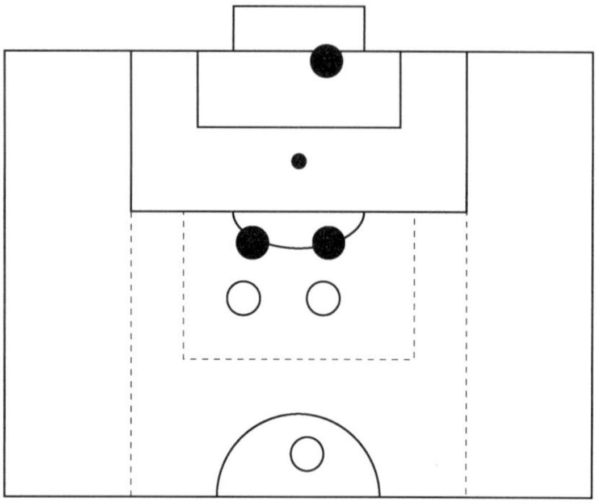

图 1-50 打第二空当练习 4

E 连续 2 过 1 练习

三人一组同侧出发，队员③将球传至队员②的跑动路线后向前跑动，队员②顺势将球传至队员③的身前，向斜前方前插，准备与队员①寻求 2 过 1 配合。此时队员③将球传至队员①身前后向队员①靠近，对队员①拿球回撤，迅速前插，队员③顺势将球传至队员①前插路线上，再次完成墙式配合，随后队员①与队员②再次完成一次墙式配合后各队员到终点休息（见图 1-51）。

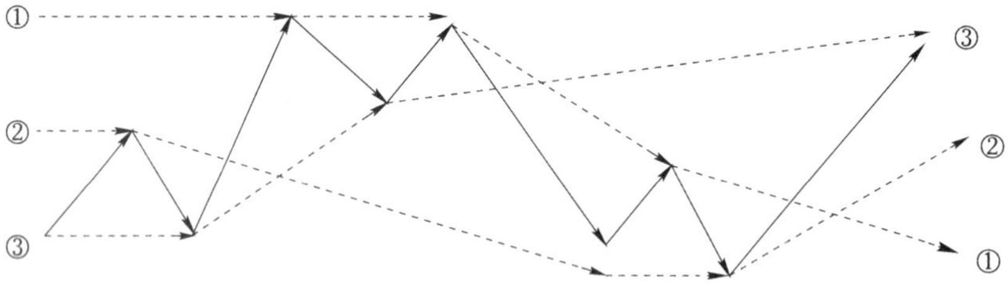

图 1-51 连续 2 过 1 练习

1.4.2.4 三人局部进攻配合人工智能训练方法

在局部 3 对 3 场景中，进攻球员 A1 持球，防守队员 B1 和 B2 同时对 A1 进行高压逼抢，封锁其向两侧的传球路线。此时进攻队员 A2 从中圈处向右侧跑动，吸引了防守队员 B3，在中圈处制造了第二空当。进攻队员 A3 伺机前插，抢占区域，此时已经满足利用第二空当完成配合的条件，持球队员 A1 需要防守队员 B1 和 B2 封堵其传球路线之前将球直塞至进攻队员 A3 的跑动路线上，成功将球由后场过渡至中前场（见图1-52）。

图 1-52　三人局部进攻配合人工智能训练场景

2 足球战术及其智慧化训练

2.1 比赛阵型

2.1.1 比赛阵型的解释

比赛阵型是根据队员的不同特点和作用，选择在不同的区域部署和排列基本、相对固定的位置，并赋予其相应的位置分工与职责。如果用人体来比喻的话，比赛阵型就是人体的骨架，而体系就是肌肉，球队的战术就是神经系统。

自 19 世纪中期，世界上便有了第一个足球比赛阵型，各阵型的名称一般根据不同位置的不同人数排列而定，比如英格兰最早采用的 1-2-8 阵型，由 1 名门卫、2 名后卫和 8 名前卫组成。阵型一般具有相当的灵活性，能够根据球的位置的变化，将相应人员组织并形成某种规模的行动单位，以使各个队员的能力得到最大限度地发挥，并使全队有可能根据对手的情况做相应的变化，最终完成攻防任务。为了适应现代足球的不断发展，足球阵型也在不断演进，但无论是最早的 1-2-8 阵型还是如今主流的 4-2-3-1、4-4-2、4-3-3 等阵型都是沿着这一客观规律演变和发展的。

2.1.2 比赛阵型的发展

现代足球起源之初，在英格兰，足球的主要战术就是盘带，当时最早的足球竞赛规则“剑桥规则”（1848 规则）共 11 条，除了对场地的解释和进球的判定以外，只有对犯规的粗略定义。其中第六条规定：当进攻队员比球更接近对方底线时便处于离场状态，不得触球也不得用任何方式干扰其他球员触球。换言之，传球只能是横穿和回传，不能向前传球，整个进攻推进只能依靠盘带，所以当时所谓的战术就是追逐皮球，抢到球就想办法突破包围，把球带进对方球门，如果失败了再由队友顶上。因此导致了那个时候的足球竞赛类似于现在的橄榄球，以进攻为主要战术，完全忽略防守，所以阵型这一概念在当时来说并不清晰。

2.1.2.1 足球阵型的雏形

现代足球在 19 世纪 60 年代起源于英国，1872 年 11 月 30 日，历史上第一场国际比赛在格拉斯哥进行。比赛双方为英格兰和苏格兰，由于当时的足球竞赛规则规定进攻球员在球的前面就是越位，于是个人盘带成为了足球运动中的主要技术，当时的球员并没有主动传球的概念，更多的是通过跑动将锋线不断向前推进，直至形成威胁（类似于橄榄球规则）；于是在该场比赛中，英格兰排出了 1-2-8 阵型与对手周旋，即 1 名门卫，2 名后卫和 8 名前卫组成了世界上第一个足球比赛阵型（见图 2-1）。由此可见，在当时的概念里，比赛中进攻是唯一目的，球队往往并不注重防守，所以决定了阵型的出现形式为多锋制，足球阵型的雏形由此诞生。

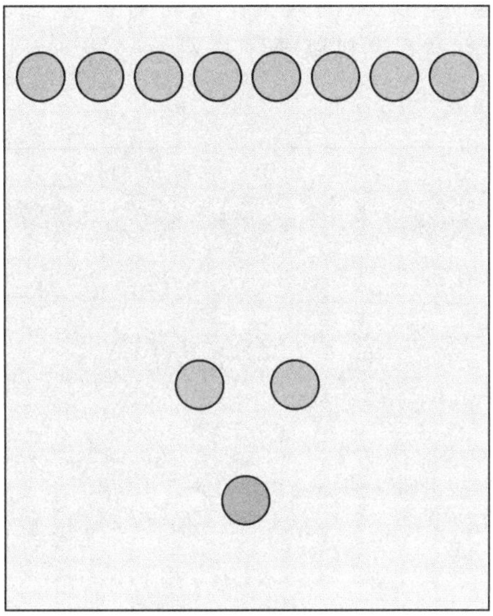

图 2-1

2.1.2.2 苏格兰人尝试改变

为了在比赛中使攻守力量达到相对平衡，苏格兰人首次尝试改变，创造了 1-2-2-6（六锋四卫）的比赛阵型，还引进了在比赛中传球的打法。而最终，在 4000 名到场观众面前，双方战成了 0-0 平，苏格兰队有一粒进球被当值主裁判判定为无效。自此二十多年的时间里，1-2-2-6 成为了足球比赛的主流阵型，其目的是在注重进攻的同时弥补了以往防守位置的空缺，足球阵型中的位置和责任分工逐渐开始出现（见图 2-2）。

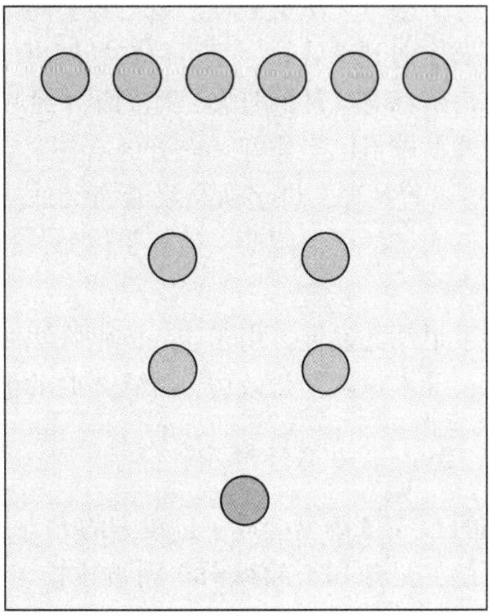

图 2-2

2.1.2.3　规则陷阱——2-3-5 阵型

到了 1926 年，由于足球竞赛规则的改变，当时对于越位规则的定义是进攻队员与对方底线之间至少要有 3 名对方球员，球队为了让对方轻易陷入越位陷阱，逐渐将阵型改变为 2-3-5 金字塔阵型（见图 2-3）。

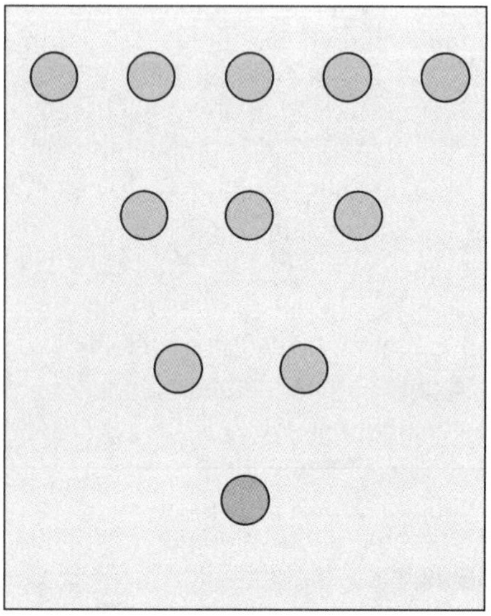

图 2-3

该阵型让前锋由始至终站在对方的禁区，迫使对方的前锋不得不兼顾防守，导致对手不敢贸然出击。在 3 个前锋的旁边又有两个影子前锋，弥补了以前阵型上的脱节，牢牢卡住对手的要害位置，迫使对手被动挨打。

在中场虽然只有 3 个前卫，由于对方的前锋攻击体系被本方的阵型给破坏了，3 名前卫就好像是最后一道关卡，对手根本无法突破他们就已经被拦截了。而后卫以及守门员组成的后防线几乎无事可做，偶尔遇到点威胁，也可以轻松解决。

该阵型让球场上的每个角落都有队员的身影，他们早早地就被划分到各自的区域，所以等对手进入这个区域，该阵型球员已经作好了充分的准备来破坏对手的进攻。而过去的打法则不同，8 名前锋一起追逐着足球，许多队员没有意义地把追逐看作是比赛得分的唯一手段，而最后的结果是他们大量的无谓跑动，消耗了体力，这和以往打法的以逸待劳是有根本性区别的。

2-3-5 打法极大地推动了足球的发展，由于这一阵型在当时攻守兼备的打法上有着优越的进攻和防守理论为基石，许多球队开始效仿，并在当时的世界足坛风行了 30 年。

2.1.2.4　传世经典——3-2-2-3 WM 阵型

越位规则的改变让原本的 2-3-5 阵型变成了进攻方的天堂，各队不得不纷纷选择让后卫更加拖后来加强防守，至此，足球场上的纵向空间被拉长。人们认识到了战术的价值，意识改变之后，其他改变就变成理所当然并能被大众所接受。这个时代的英格兰基于 2-3-5 阵型做出改变，演化为 3-2-2-3 阵型，也叫 WM 阵型：即中前卫回撤，无需组织功能，主要担当防守（增加 1 条后卫线，减少 1 名中场球员），左右内锋回撤，加强中路传切能力（增加 2 名中场球员，减少 2 名前锋）。球队整体后撤，引诱对方后卫压上，令其暴露空挡后打快速反击（见图 2-4）。

很快，英格兰建立了绝对统治的王朝时代，称霸足坛 20 余年，直到第二次世界大战爆发为止。而 WM 阵型随着英格兰的成功，也流传开来。这也是现代足球的第一个经典阵型。

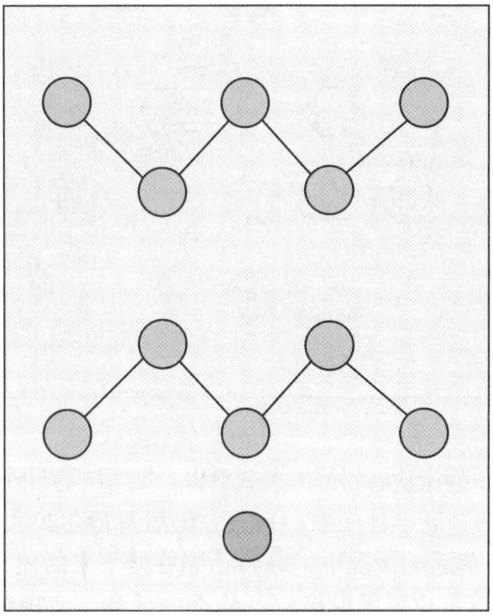

图 2-4

2.1.2.5 打败经典——匈牙利 3-2-1-4 黄金阵型

20 世纪 50 年代的匈牙利队是世界足坛公认的梦之队。在 1950—1955 年的 6 年时间里，匈牙利队在参加的所有比赛中，他们仅仅只输掉了 2 场比赛（有一场比赛只是东欧阵营内部的交流赛）。在此期间，更是创造了 31 场国际比赛不败的记录（总成绩为 28 胜 3 平，31 场比赛共打入了 143 球）。国外媒体提到这支球队时经常用 Aranycsapat 一词来形容，意指黄金之队，同时 Golden Team 一词也成为了他们特有的标签。在世界足球史中，他们留下了令人难以抹去的印记。当时匈牙利没有一位高大的中锋，于是他们就将个子小的中锋拖后，形成了 3-2-1-4 的黄金阵型，并在 1953 年摧毁了英格兰的 WM 阵型（见图 2-5）。

2.1.2.6 联邦德国——4-1-2-3 阵型

1954 年瑞士世界杯期间，巨星云集、战无不胜的匈牙利队被认为是那届世界杯理所应当的冠军。在世界杯之前的几年，匈牙利人已经近 4 年保持不败，他们还夺得了 1952 年赫尔辛基奥运会足球项目的金牌，1953 年 11 月 25 日，匈牙利成为第一支客场击败英格兰的神奇之师，6-3 的比分更是震惊世界。

由于预选赛对手波兰弃权，匈牙利人不费吹灰之力就晋级决赛圈。他们小组赛的对手包括闯入决赛的联邦德国和土耳其，联邦德国于 1950 年 1 月 21 日正式恢复了在国际足联的席位，但在本届世界杯并不被看好。然而联邦德国采用了出击后腰，将其中一支前卫后移改为中后卫

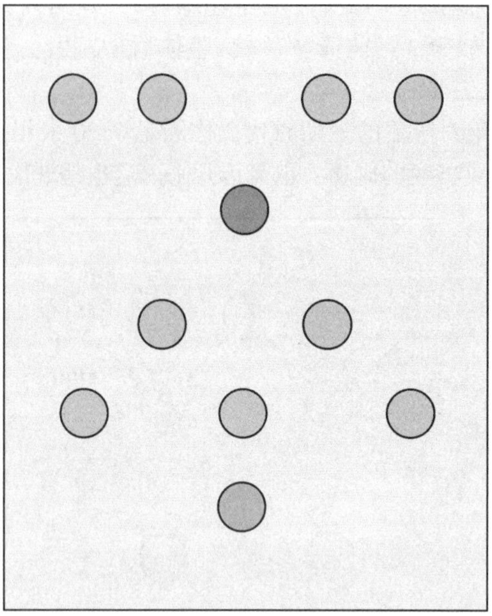

图 2-5

的 4-1-2-3 倒三角阵型。该阵型让联邦德国愈战愈勇，挺入决赛对阵匈牙利。

开场 2min 带伤出战的普斯卡什便破门得分，随后塞博尔扩大优势，仅 8min 匈牙利队就领先两球。然而在 0-2 落后的情况下，联邦德国在接下来的比赛中扳平比分，直到比赛进行至 84min，联邦德国球星拉恩低射破门，绝杀匈牙利，实现了不可思议的逆转。1954 年的瑞士世界杯就在联邦德国的崛起以及匈牙利的落寞之下结束了，至此阵型的发展逐渐由注重进攻向攻守平衡过渡，如图 2-6 所示。

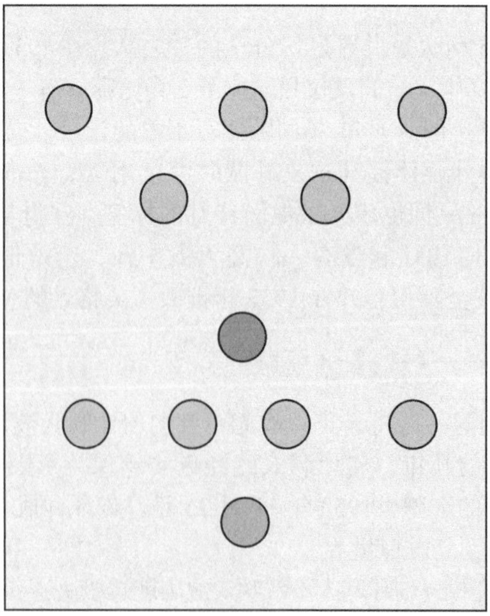

图 2-6

2.1.2.7 意大利自由人位置的出现——1-4-2-3 阵型

现代足球的发源地为英格兰，其早期的防守概念就是一对一的盯人防守，协防的观念不强。在这种情况下，一旦盯人防守被瓦解，球队往往溃不成军。20 世纪 30 年代，意大利人将一名后场球员从盯人防守的体系中解放出来，将当时流行的 WM（3-2-2-3）阵型加以改造，让一名中场球员回撤至本方后卫与门将之间作为自由球员，根据场上形势辅佐防线，他可以清理穿透后卫线的威胁传球，也可以参与对边锋的包夹，活动区域横跨整条防线，“清道夫”由此诞生，这一位置的出现使防守不再仅仅依赖个人能力，“以弱胜强”成为了可能。一防一开始转化为多防一，这说明国际足坛依靠整体防守的思路正在萌发（见图 2-7）。

然而到了 20 世纪 90 年代几个规则的变更却加速了自由人的消亡，即 1990 年世界杯将越位规则修改为平行不算越位，以及 1992 年禁止门将手接脚踢回传球。这样的变动使自由人不但没有必要，反而成为防线上的累赘。后卫位置过于靠后使得对方容易从两边找到空挡，现代球员的速度和爆发力早已不可同日而语，一旦两边被穿透，拖后中卫显然无法兼顾对方的持球球员与包抄球员。而区域概念普及后，球员的区域专项素质更加重要，由此，自由人逐渐淡出足球阵型。

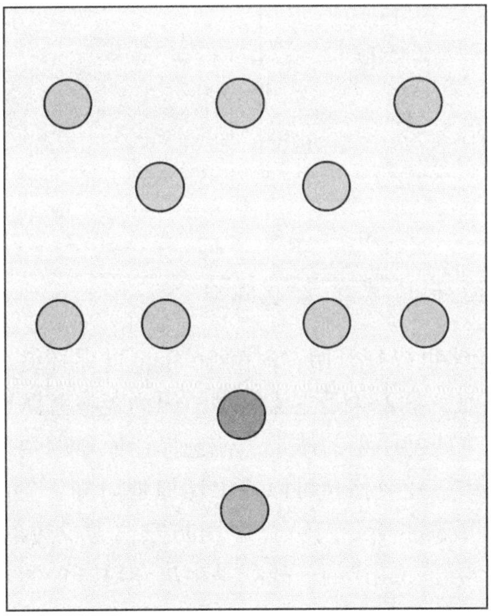

图 2-7

2.1.2.8 桑巴时代——巴西 4-2-4、4-3-3 阵型

到了 1958 年第 6 届瑞典世界杯，该届世界杯所有比赛于 1958 年 6 月 8 日至 29 日在瑞典境内 12 座城市中的 12 座球场内举行。巴西主帅维森特-弗奥拉吸取了匈牙利 3-3-4 打法的成功经验，首创 4-2-4 阵型（见图 2-8）。巴西凭借引领革命的技术、战术打法，横扫那些热衷英格兰 WM 和匈牙利 3-3-4 阵型的球队，当届杯赛 6 战 5 胜 1 平进 16 球仅失

4球，历史上第一次捧起雷米特杯。在当时的特定背景下，4-2-4阵型较之前流行的WM阵型优势在于：4锋4卫攻守相对平衡，攻防层次由4层缩为3层提高效率，2位中场球员的设置非常新颖，2中场位置机动，边后卫和边锋开始参与助攻协防。同时巴西队主要采用准确的短传球和个人技能。到了1962年智利世界杯，巴西阵型稍作调整，利用4-3-3的阵型再次夺得世界杯（见图2-9）。巴西球员也占据了本届世界杯最佳阵容的半壁江山，其中后卫桑托斯，前卫济托，前锋加林查、瓦瓦、扎加洛都来自巴西。

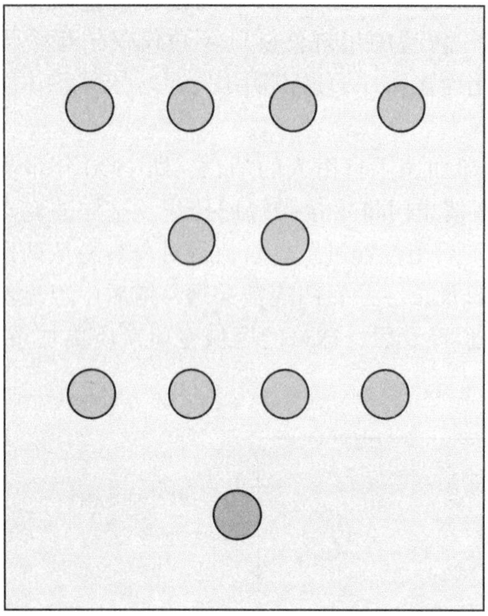

图2-8

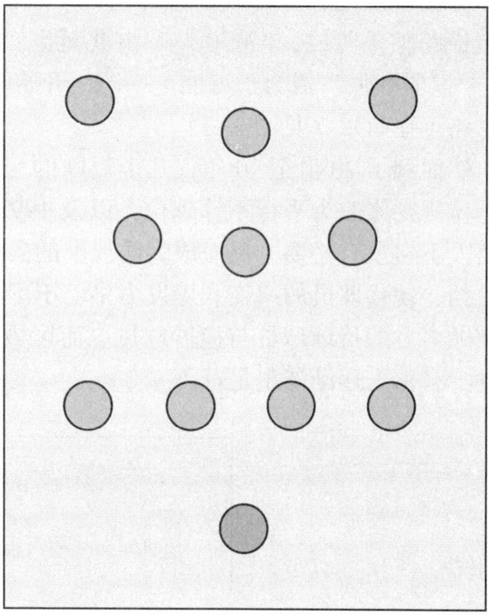

图2-9

2.1.2.9　英格兰重回巅峰——4-4-2阵型

自1930年第一届乌拉圭世界杯开始，时隔36年，世界杯终于回到了现代足球的发源地英国。在本届世界杯之前，4-2-4是主流阵型，因为英格兰队中没有强力边锋，所以主教练拉姆塞决定改变阵型来匹配手下的球员。他选择让原本的两个边锋回撤到中场，形成4-4-2阵型。增加中场人数，让英格兰可以在中场加强防守，“清道夫”这个角色就此诞生，史上首位“清道夫”斯泰尔斯专门负责中场防守，为身边的博比-查尔顿保驾护航。拉姆塞的这一创举效果非常好，经典的一战就是半决赛对阵葡萄牙，斯泰尔斯全场死盯尤西比奥，尽管不能完全限制住“黑豹”，但他让葡萄牙王牌的冲击力明显下降，与此同时，博比-查尔顿也可以将绝大部分的精力投入到进攻中。同样，决赛时也是如此，联邦德国队由于中场人数比英格兰队少，贝肯鲍尔不得不舍弃一些进攻，将精力放在防守查尔顿身上，结果联邦德国的火力大打折扣。4-4-2阵型成为了英格兰夺得世界杯的秘密武器，就此成为三狮军团的标志，影响了后来世界足坛约半个世纪（见图2-10）。

2.1.2.10　1970年王者之师——巴西4-3-3阵型留住雷米特金杯

1970年的墨西哥世界杯，巴西出人意料地使用了复古的4-3-3阵型（见图2-11），

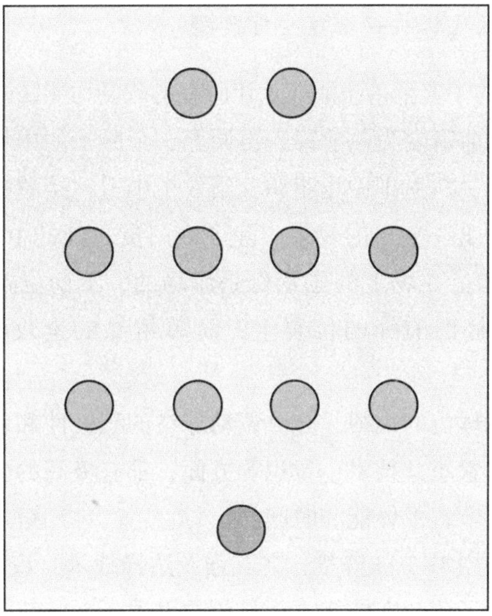

图 2-10

这使得他们创纪录的第 3 次捧起世界杯冠军奖杯。在顺应潮流的时代，巴西不忘昔日阵型，提出了自己对于足球阵型的独特见解。小组赛中，巴西表现不俗，1-0 击败英格兰。教练员扎加洛排出 4-3-3 阵型的目的非常明确，那就是以进攻代替防守。很显然，收到了不错的效果。作为两届世界冠军的巴西如果能够再次捧起雷米特金杯，他们就能够拥有永久保留它的权力。在这届世界杯上，拥有豪华阵容的巴西，由雅伊尔津霍、里维利诺、托斯唐和贝利共同组成了无与伦比的前锋线，并将巴西又一次送上了冠军的领奖台。

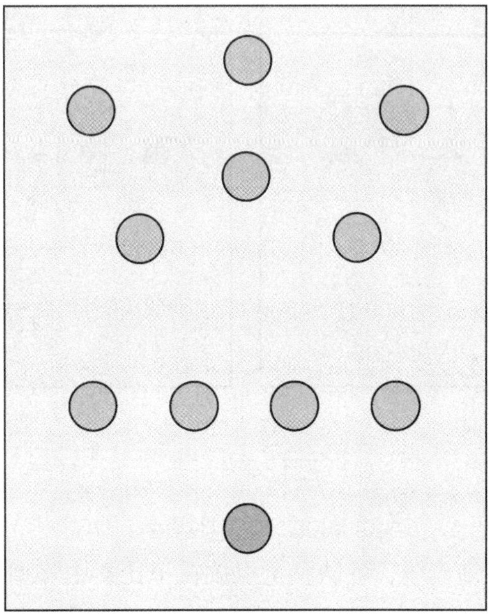

图 2-11

2.1.2.11 荷兰全能足球——全攻全守阵型

直到 1974 年，荷兰的十上十落全能战术让所有的队员均能锋能卫，这种战术以英式 4-4-2 为基础，将原有的双前锋变为单前锋，再调上一个原来的中场球员配搭另一名前锋成为两个强而有力的边前锋，然后把中场组织交给 3 个中卫，接着把最后面平行站位的 4 个后卫位置推前，从而达到全攻全守的效果。除了守门员之外的 10 名球员全部都要执行进攻和防守的职责，10 名球员在场上的位置也是流动的，不论位置，只讲空间，前锋可以去打后卫，后卫也可以打到前锋的位置上，简单粗暴的全攻全守阵型就此诞生（见图 2-12、图 2-13）。

该战术打破了阵式对球员的束缚，充分调动球员的积极性和发挥球员的才华。但全攻全守战术，对球员的身体素质、技术、意识等方面，都有极高的要求。由于球员不用刻意地回到原来的位置，从而节省了体能和时间。

在此基础上荷兰还采用 4-3-3 阵型，尤其强调边锋战术，该阵型对运动员的体能提出了极大的挑战，同时推动了荷兰在体能方面科研的发展，因此荷兰在体能训练水平至今始终处于世界一流。

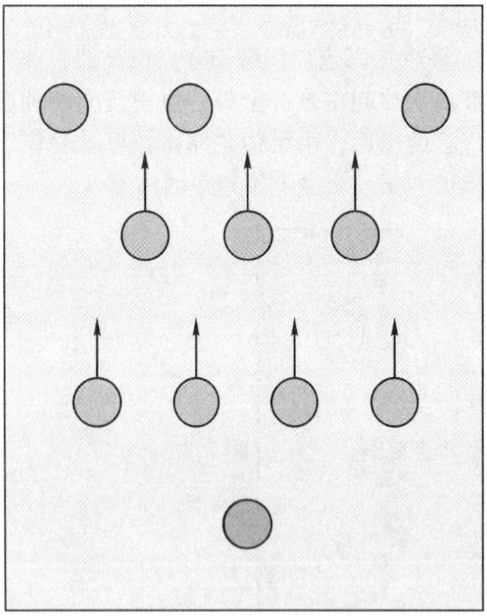

图 2-12

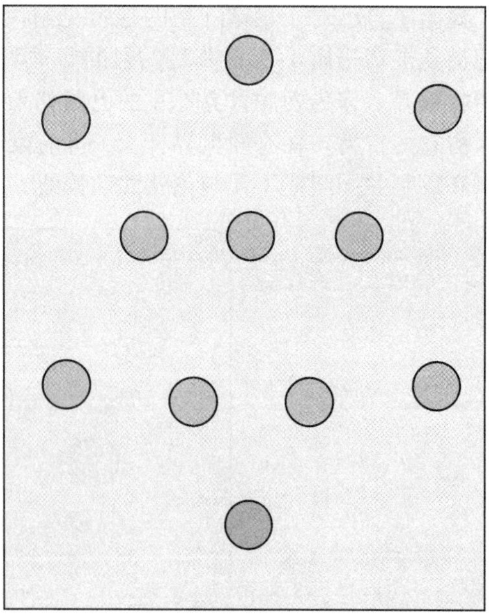

图 2-13

2.1.2.12 比赛中阵型的变化

随后，阵型的发展逐渐放缓，各队将重点放在了比赛中阵型的变化以适应比赛需求，比如以两条防守线的 4-4-2 阵型在进攻时，两侧边后卫补中后卫的空缺，两侧边卫前插形成双锋线，前锋发起进攻从而变化形成 2-4-2-2 阵型（见图 2-14、图 2-15）。

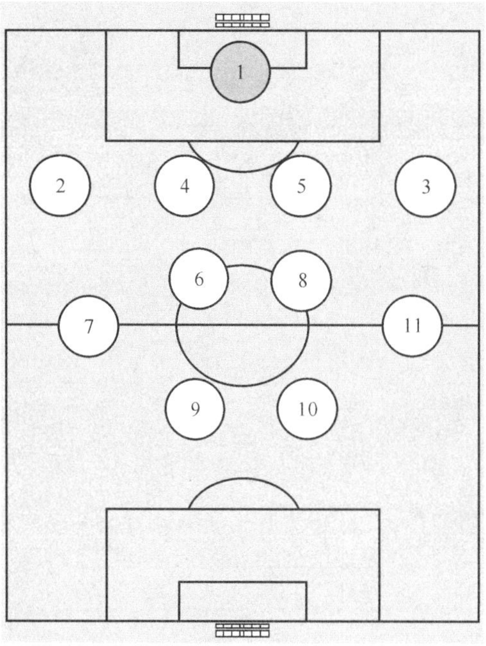

图 2-14

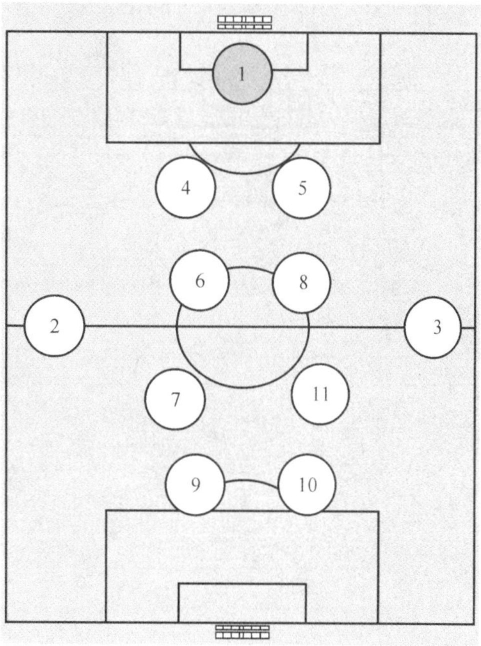

图 2-15

同样拥有 4 后卫 5 中卫的 4-5-1 阵型可以根据实际情况选择后卫插上变换为 2-2-3-3 或拉开各线路之间的纵向距离实现进攻性更强的 4-2-3-1 阵型，如图 2-16、图 2-17 所示。

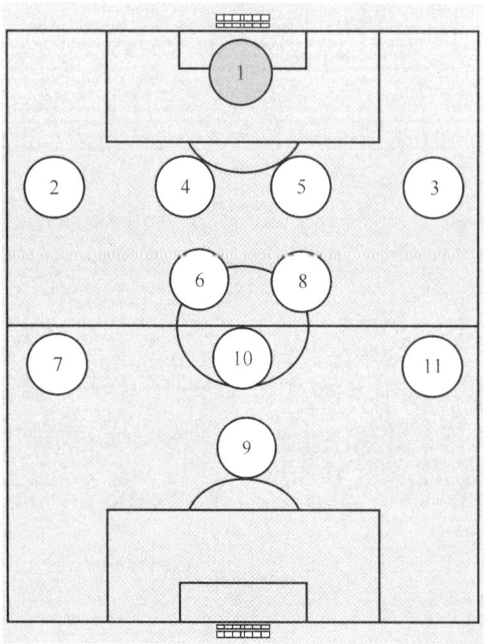

图 2-16

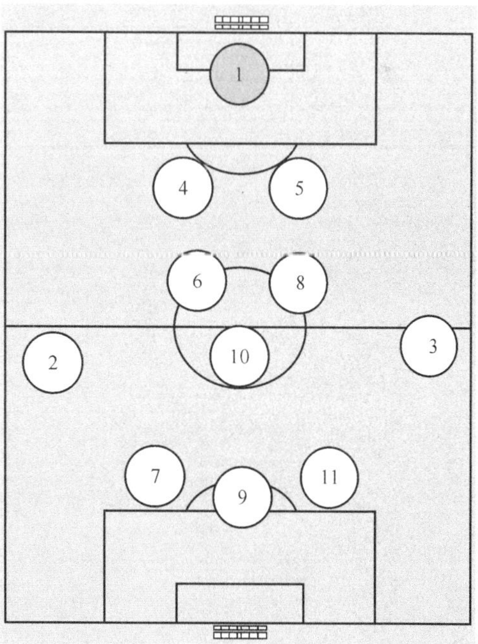

图 2-17

4-3-3 阵型可以先让前锋压上，边后卫前插变为 4 中卫，两名后卫与中卫齐平变为 3 后卫，最终变换为 3-4-3 阵型，加强了中后卫发起进攻的能力或者变化为 4-1-4-1，拉开了进攻阵型，增加了进攻空间的宽度（见图 2-18~图 2-21）。

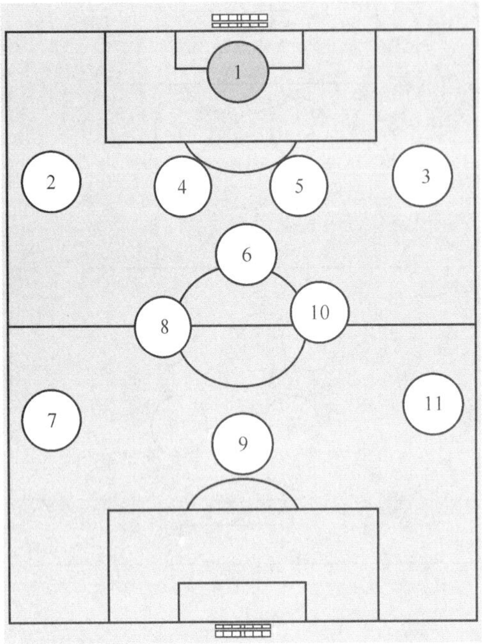

图 2-18

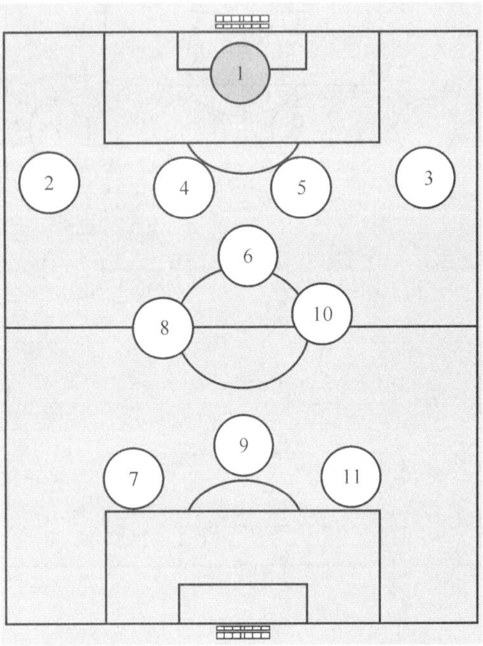

图 2-19

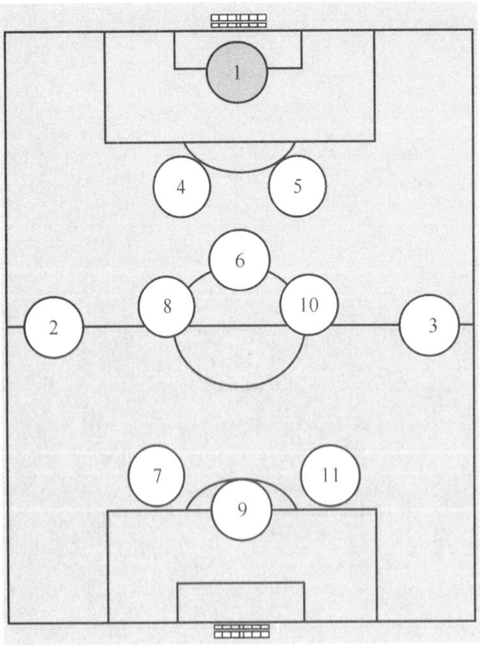

图 2-20

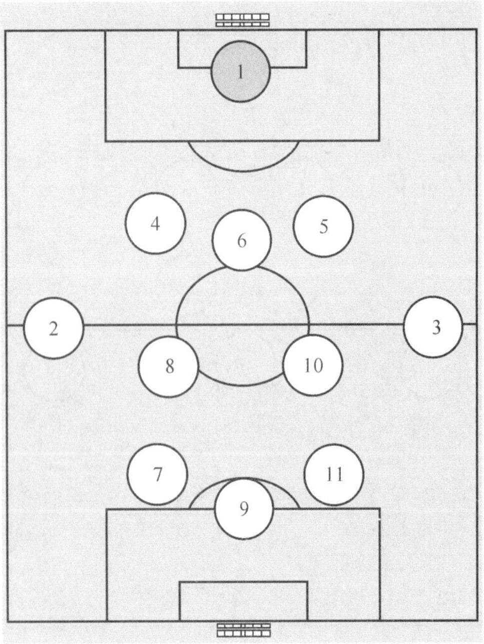

图 2-21

足球阵型发展至今，也深深地影响着亚洲球队的技战术打法，亚洲队伍一直以来以 4-4-2和 4-5-1 阵型为主流。至此，足球阵型基本趋于稳定，如图 2-22、图 2-23 所示。

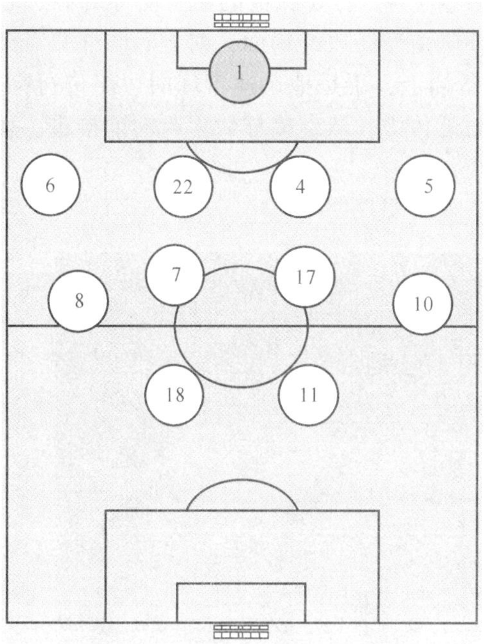

图 2-22

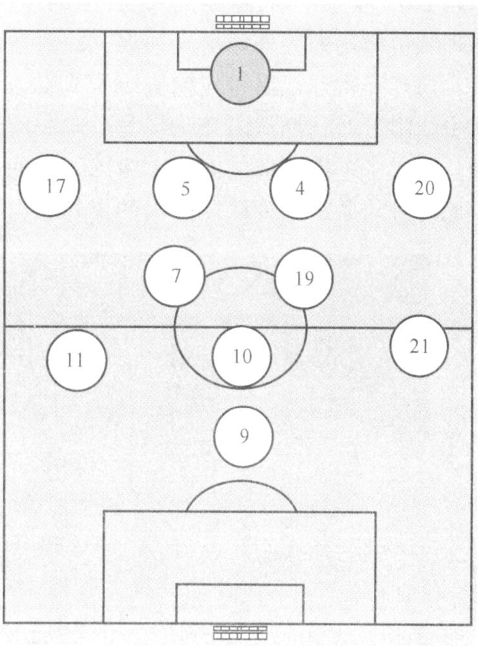

图 2-23

2.1.3 比赛阵型的选择

同一阵型受诸多因素的影响形成了不同的演绎方式。

不同的队伍结构、教练员的理念、球员的素质、对手的情况、过去的战绩、以及战术目标（形成球队平衡或有效发挥每位队员才能）都会影响阵型的发挥效果，因此教练员需要根据实际情况综合考虑，根据不同的球员从进攻、防守战术目标出发进行阵型的选择。

例如巴塞罗那球队以其细腻的 Tiki-Taka 战术打法为出发点，一直延续着 20 世纪 70 年代米歇尔斯和克鲁伊夫登陆诺坎普后所带来的全攻全守哲学，在4-3-3 的阵型基础上不断地灵活调整，无论是克鲁伊夫执教时期的梦一队，还是后世瓜迪奥拉治下的梦三队，他们都经常会将 4-3-3 转换成 3-4-3，充分解放两翼的火力，最大化地利用前场的空间来形成持续的控制，以之为手段找寻对方防线中肋部可乘之机进行精准打击。

2.2 进攻原则

2.2.1 面对无组织防守时的进攻

当本方持有控球权时，一旦遇到对方无组织的防守（这种场景往往出现在防守反击的球权快速转换场景中），一定要当机立断，快速决策，反击并创造得分。整个过程要求速度必须要快，并且组织进攻的队员必须迅速寻找队友的位置，明确进攻路线，减少失误，提高传球的准确性，利用长传球和渗透球寻找合适落点提高进攻速度，到达可以射门得分的区域果断射门，并且保证射门的角度和力量，确保准确性。

以2018年俄罗斯世界杯小组赛中的一次进攻为例：防守队员的贴身防守导致进攻队员处理队员掷出的界外球出现失误，此时他们面临由守转攻的局面，对方后防线只有两名队员，边锋获得球权后首先抬头观察到队友准备插上，于是他迅速带球向边路进行突破，到达中线附近时选择从防守队员身后向中圈弧附近传中，队友接球后果断向前推进，射门得分，完成了一次经典的面对无组织防守的进攻。

此时进攻队员处理队友掷出的界外球出现失误（见图2-24）。

图2-24

防守队员由守转攻，两侧边锋同时观察到对方，并开始反击（见图2-25）。

图2-25

面对无组织的防守，左边锋选择在边路区域尽快将球传出，因为此时他面临的防守队员数量较多，而且队友插上的中圈附近没有防守队员（见图2-26）。

图 2-26

右边锋拿到球后向前推进，在罚球弧附近稍作调整完成射门（见图 2-27）。

图 2-27

2. 2. 2 面对有组织防守时的进攻

比赛中的攻守转换完成迅速，球员遇到的大多数场景都是有组织的阵地战。当队员面对有组织的防守时，需要耐心组织进攻，通过队员的无球跑动和精准的传控球，将进攻线路不断推进造成威胁，选择从中路或边路进行突破，创造得分机会。队员灵活的无球跑动、突然的渗透性传球和具有攻击性的个人突破都是打破对方有组织的防线并形成进攻的有效方式。

以 2018 年世界杯西班牙对阵摩洛哥的比赛为例：

伊涅斯塔作为西班牙中场核心人物通过传接球和积极的跑位撕开了对方防线，为伊斯科送出助攻完成了一次漂亮的进攻。

伊涅斯塔接队友的传球时对方已经形成防守阵型，并且有一名队员对他进行压迫，另一名队员则向他的传球路线跑动，进行阻挡（见图 2-28）。

图 2-28

当伊涅斯塔给队友传球时，防守队员已经形成了围堵（见图 2-29）。

图 2-29

队友通过个人能力摆脱防守将球传出，随后伊涅斯塔积极插上与队友完成撞墙式配合后将球带入底线如图 2-30、图 2-31 所示。

图 2-30

图 2-31

伊涅斯塔底线回传送出助攻，队友射门得分，如图 2-32、图 2-33 所示。

2.2.3 组织进攻的原则

组织进攻的形式虽然千变万化，但是组织进攻的原则万变不离其宗。若想发起并组织一次成功的进攻，必须同时做到对球权的掌控，队员的积极移动和队友的深度支援。球权的掌控是一个队伍组织进攻的基础，也是创造得分机会的方式之一，注重控球的队伍往往能够将比赛掌控在自己的节奏当中。队员可以通过传球、控球和无球接应等方式达到对球权控制的目的。队员的移动是球队战术行为的体现，有威胁的进攻往往是无球队员的移动

图 2-32

图 2-33

和有球队员的传球共同形成的。因此队员需要积极跑动接应持球队友，通过跑动创造空间或是破坏对手防线，可以跑向远端增加进攻纵深呼应队友传长传球，甚至在某些情景，队员需要通过快速移动与队友互换位置，完成阵型变化。足球不是一个人的比赛，只有不断支援队友，才能提高传球效率。每一名队员的出现都为持球队友提供了更多的传球路线，队员应该明白支援的位置，从而让队友从容传球。比如在近、远端的区域无球跑动，不断拉深阵型，或通过在持球队员左、右两侧的区域跑动，拉宽阵型，同时选择在对手的身前和身后接应。其中需要注意的是，横向接应容易造成对方抢断球权，直接形成进攻局面，因此组织进攻时要尽量减少横向的接应（见图 2-34）。

图 2-34

2.2.4 得分原则

足球比赛的最终目的是为了得分，因此进攻必须遵循得分原则，球队应通过各种方式完成进球。常见的战术打法有直接打法和渗透打法。

2.2.4.1 直接打法

直接打法有很多方式，比如长传直接送入得分区域、中路墙式配合、快速反击、传统反击、中场地带反击和个人反击以及前场截击。这就要求队员在攻防转换的过程中迅速决策，寻找得分机会。以英国、德国为代表的欧洲力量派球队有速度快、力量足的特点，是直接打法的典型代表。他们主要依靠自身身体素质，拼抢积极，强调整体配合。

以 2018 年俄罗斯世界杯的一场比赛为例：

进攻队员由于传球失误，将球传至对方脚下（见图 2-35）。

图 2-35

防守球员接到球后立刻长传形成反击，将球送入得分区域（见图 2-36）。

图 2-36

前锋接球后射门得分（见图 2-37）。

图 2-37

2.2.4.2 渗透打法

渗透打法有很多种形式，比如长传冲吊、短传渗透、组织渗透等。例如当本方球员在边路带球突破时中路队员赶紧插上，渗透对方禁区，以便接应队友的渗透性传中或直塞球，或者由一名球员从中路带球突破，然后在分边形成进攻，又或是中场球员通过地面短传配合组织渗透将球送到对方禁区。

以意大利、法国、西班牙为代表的欧洲拉丁派，打法上依靠技术弥补身体素质的一些欠缺，长短结合，强调个人和整体之间的相互融合，注重肋部的渗透，技术相对细腻，是渗透型打法的典型代表。而以巴西、阿根廷为代表的南美派，打法上依靠自身的技术，两三人间的推进，强调个人表演，足球基本上在地面滚动，速度慢，是组织渗透的典型代表。

以 2018—2019 赛季欧冠半决赛首回合，巴塞罗那对阵利物浦的比赛为例：

巴塞罗那一直以其细腻的 Tiki-Taka 渗透打法而闻名。在这场比赛中，巴塞罗那通过三脚传球就将皮球从中场转移到了门前，最后形成射门得分。

布斯克茨看到了梅西站在对方两条防线中间，并且周围防守并不紧迫，于是通过一个渗透性传球，把球转移到梅西脚下（见图 2-38）。

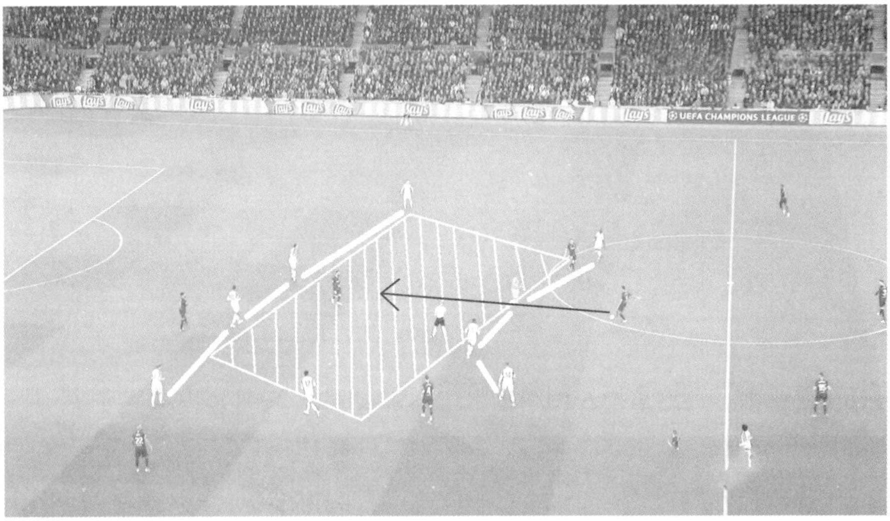

图 2-38

梅西拿到球后，观察到对方右侧防线人员较为密集，而左侧防守队员与队友的距离较远，比较适合突破，于是带球向右侧推进，同时，罗贝托积极前插，准备配合完成进攻（见图 2-39）。

图 2-39

梅西通过盘带将球带到球门区弧顶的位置，反向传球，传递给了插入球门区的罗贝托（见图 2-40）。

图 2-40

罗贝托中路横敲，苏亚雷斯左侧跟进射中横梁（见图 2-41）。

图 2-41

梅西补射得分（见图 2-42）。

2.2.5 创造得分机会

足球技术、战术复杂，队员可以通过很多方式创造得分机会，比如边路进攻、个人突破等。

2.2.5.1 边路进攻

边路进攻是指在对方半场两侧地区发展的进攻。边路进攻的特点是充分利用场地的宽

图 2-42

度，拉开对方的防线。边路场区防守队员较少，防守的纵深保护较差，可利用的空当较大。较容易突破对方防线然后采用传中等手段，创造中路射门得分机会。但直接射门角度小很难射中球门。

边路进攻的形式有很多种，比如利用边路拉开对手防线进行边路套边、利用边路传中和下底后回传球得分、大范围调度转移、斜线长传球、边后卫从后协助进攻或是从边路走内线向中路进袭。

以 2018 年俄罗斯世界杯的一次边路调度转移进攻为例：

中后卫拿球时，两名边路球员都在各自的位置上准备向前场推进，创造得分机会（见图 2-43）。

图 2-43

中后卫将球带过中场后，传给了前插的左边前卫（见图 2-44）。

图 2-44

左边前卫将球带到底线，传中球找到了前插的右边前卫（见图 2-45）。

图 2-45

右边前卫射门得分（见图 2-46）。

2.2.5.2　个人突破

个人突破是即兴发挥且富有想象力的个人行为，是直接打法的典型方式之一，往往需要队员具有高超的带球技巧，个人突破不但可以吸引对方的防守，还可以形成直接射门得分的机会，具有极高的观赏性。齐达内、马拉多纳等球星都是个人突破能力极强的典型代表。

图 2-46

以 2014 年国王杯决赛巴塞罗那对阵皇家马德里的比赛为例：

贝尔奔袭 59.1m，从左路强行超车巴尔特拉之后，再次带球完成射门绝杀巴塞罗那。

贝尔接到队友的传球前已观察好对方的防守情况，接球后立刻开始个人突破（见图 2-47）。

图 2-47

贝尔面对对方的最后一名防守队员，决定一脚将球向前踢出，利用速度抢占球权（见图 2-48）。

图 2-48

贝尔被防守队员冲撞至场地外，但是他凭借自身的速度优势弯道超车，超越了对方的防守队员（见图 2-49）。

图 2-49

重新拿到球权后，贝尔内切运球至球门区，直接面对守门员（见图 2-50）。

在后卫和守门员的双重防守下，贝尔冷静射门，在比赛最后时刻帮助皇家马德里绝杀巴塞罗那（见图 2-51）。

图 2-50

图 2-51

2.3 防守原则

防守战术目标应该以保护球门、避免失分，并且通过一切方法夺回控球权为主要目标。因此在进行防守时，队员应该铭记以下几点原则：需要延缓对方的进攻，不断缩小空挡，对持球队员进行夹、围、逼、抢，阻止对方向前传球的路线，压迫对方持球者，并且做到快速转换，在不同地点压迫。时刻让对手在你前面，逼使对手犯错误，如果能逼使对手用长传也达到了战术目的，夺回球权后马上发动进攻（见图 2-52）。

图 2-52

2.3.1 面对对手快速反击时的防守

当对手发动快速反击时，往往因为进攻队员的前压导致防守区域变成了人数劣势的局面，当这种情况发生时，就近防守队员应该立刻进行压迫，切断对方向前的传球路线，并且不断逼抢，将持球队员向边路区域驱逐，同时队友上前保护，切断持球队员与同伴的传球路线，最后进行围堵，抢夺球权或逼迫队员将球传出。

以英超联赛托特纳姆热刺对阵利物浦的一场比赛为例：

杜姆和队友的配合切断了一次对手的快速反击，如图 2-53、图 2-54 所示。

图 2-53

图 2-54

此时对手已经没有出球路线，只能等待被围堵或者被迫将球传出，如图 2-55、图 2-56所示。

图 2-55

2.3.2 面对阵地战进攻时的防守

面对阵地战进攻，防守需要保持防线的统一移动，并且将阵型尽量密集收缩，当球不断向前发展时，就近的队员上前压迫，其余队员分别保护上抢队员的身后以及盯防其他空位队员和危险进攻区域。当上抢队员逼迫对手传球后，迅速回防保护，就近的队员再次上抢，如此反复直至对手失去球权。

图 2-56

以 2018 年俄罗斯世界杯的一场比赛为例：

进攻队员带球突破，就近的防守队员迅速集体上抢，逼迫队员将球传向边路。边路球员持球后，就近的后卫上抢，其余防守队员收缩聚集在球门区内，在保护队友身后位置的同时进行盯人定位，如图 2-57、图 2-58 所示。

图 2-57

此时所有防守队员集中收缩在 6m×11m×18m 的区域进行防守，如图 2-59、图 2-60 所示。

持球队员被迫在两名队员的逼抢下完成射门（见图 2-61）。

图 2-58

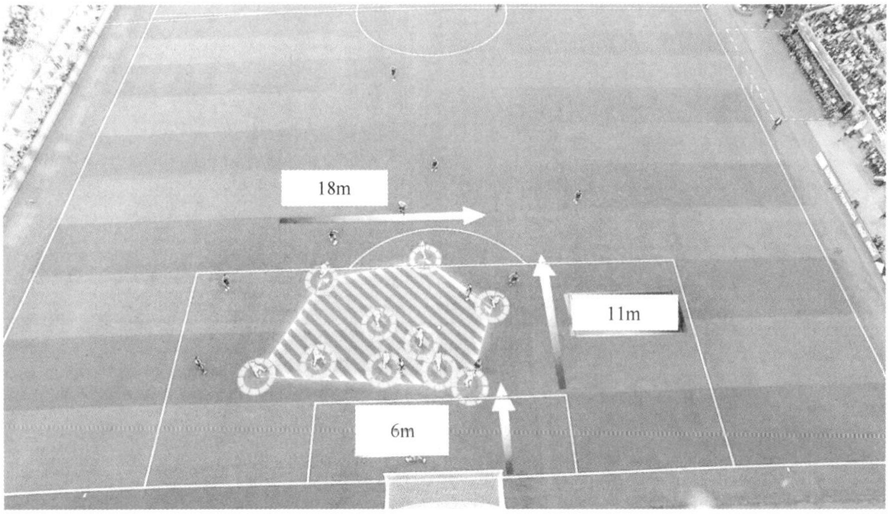

图 2-59

2.3.3 组织防守的原则

2.3.3.1 延缓

球权一旦丢失，球队便从进攻方瞬间转变为防守方，在防守时需要最先考虑延缓对方队员。延缓指遏制对方，阻止其进攻，进行延缓应优先考虑距离（在防守三区，在中场三区或在前场三区）。一般距离最近的队员对持球队员进行延缓，即通过跑动以最短的距离阻挡队员最有威胁的传球路线。

其次应考虑压迫角度，防守队员通常应该将对方队员往边路驱赶，因为边路进攻更为

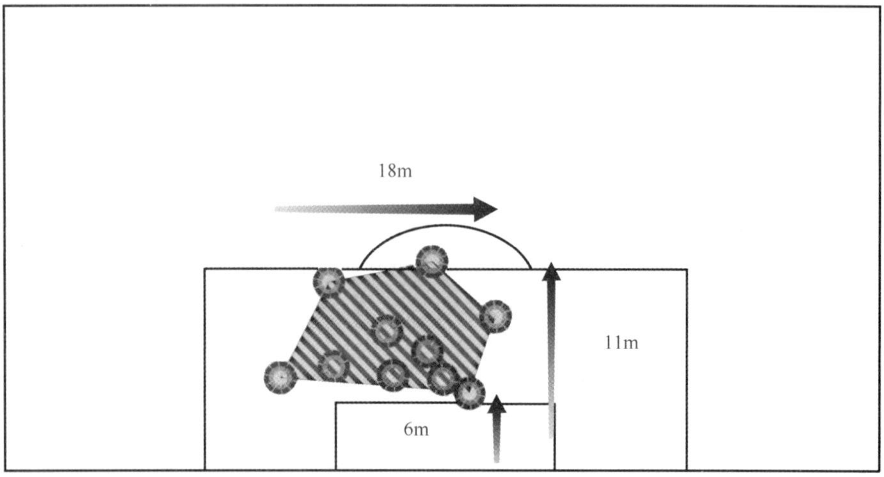

图 2-60

图 2-61

困难，对于防守更容易实施。同时根据不同的情况采取不同的压迫技术进行延缓，如果距离较远，则采用后退跑的方式保持距离，如果速度较快，则采用侧身跑的方式不断拉近与持球队员的距离，并伺机破坏球。

以英超联赛利物浦对阵曼彻斯特城的比赛中利物浦的一次防守为例：

利物浦队丢失球权，球队瞬间由攻转守，距离持球队员最近的范戴克采用侧身跑的防守追逐进攻队员，以延缓其进攻，并且切断他与边路球员的传球路线。而此时 3 名后卫不断后退，与持球队员保持一定的距离，一是为了保持阵型方便防守，二是为了给队友的回撤提供时间。与范戴克处于同一防线的两名队员也在积极回防，至此，形成了 3-3 的防线，而进攻队员只有 4 名，至少人数占优，有很大的几率防守成功（见图 2-62）。

图 2-62

2.3.3.2 逼抢（压迫）

当队员通过延缓将持球队员的速度降下来以后应该立刻寻找机会压迫对手，压迫的并不仅仅是离球最近的队员，而且是球周围所有的队员。该场景可能在对方半场和中路出现，也有可能在本方罚球区附近出现，成功的逼抢有赖于团队协作，逼抢也可以用于快速由攻转守。

范戴克以及后防线的队员出色地完成了对进攻队员的防守，此时进攻队员进行变向，向空间较大的左路推进，此时距离球门区大概 15m，在队友的积极回防下，形成了 4-2 的防守局面，此时 3 名防守队员同时上前压迫，尝试对球进行抢断，如图 2-63、图 2-64 所示。

图 2-63

图 2-64

2.3.3.3 深度支援（保护）

当球队失去球权后除了进行延缓和压迫防守队员，其他人应该立即回撤到球门一侧进行回防，并且最近的队友推至球后进行支援与保护，较远的队员时刻留意身边无球队员的跑动并紧紧贴住对方，注意保护的距离、角度，并且通过队员的相互呼应进行调度。

在第一次压迫逼抢下，皮球离开了持球队员的控制，向边路发展，此时防守队员迅速上前抢夺球权。但是球还是被对方抢下，防守队员持续贴身逼抢，继续延缓和压迫对手的进攻（见图 2-65）。

图 2-65

而在此时，同队的防守队员分别在他的身后进行深度支援，防止进攻队员突破后，出现无人盯防的局面（见图 2-66）。

图 2-66

2.3.3.4　形成平衡

当防守阵型逐渐形成，所有队员应该各司其职，准确找到自己的位置，并且明确职责，负责盯人、盯位和进一步的保护队友，做到一动全动，让对方找不到进攻机会。

当对方进攻队员尝试再一次突破防线时，利物浦的防线已经形成，并且持球队员一侧分别有球员对其进行延缓、压迫、保护和深度支援，并且在球发展侧的远端，也有队员靠近进攻队员站位，以防进攻队员将球长传转移，打出有效进攻（见图 2-67）。

图 2-67

2.3.3.5 收缩集中

当阵地战防守形成，首先应该收缩防守阵型，控制区域，减少对方进攻空间。外围队员进行压迫逼抢，就近的队员进行保护，远端队员进行盯人盯位，继续保持平衡的防守阵型。

当进攻队员晃过了最外侧的防守队员，但是面对他的是两名防守队员的围堵，并且此时利物浦防线已经收缩，持球队员除了将球传给边路球员，别无选择（见图 2-68）。

图 2-68

2.3.3.6 控制与解围

防守是主动的行为，当球队一步步引诱对手进入陷阱后，应尽快夺回球权。

当阵型收缩完毕，此时距球最近的队员应该积极上抢，防止进攻队员将球带入危险的得分区域。此时利物浦的两名防守队员已经堵住了持球队员的进攻路线，在团队配合下，夺回球权，完成了一次成功的防守任务（见图 2-69）。

图 2-69

2.3.4 不同场区的防守职责

比赛中，将球场从己方底线起平均划分为三个区域，接近己方底线的是防守三区同时也是进攻一区，中场部分既是防守二区也是进攻二区俗称中区，靠近对方底线的区域既是防守一区也是进攻三区。队员在不同的区域承担不同的进攻与防守责任（见图2-70）。

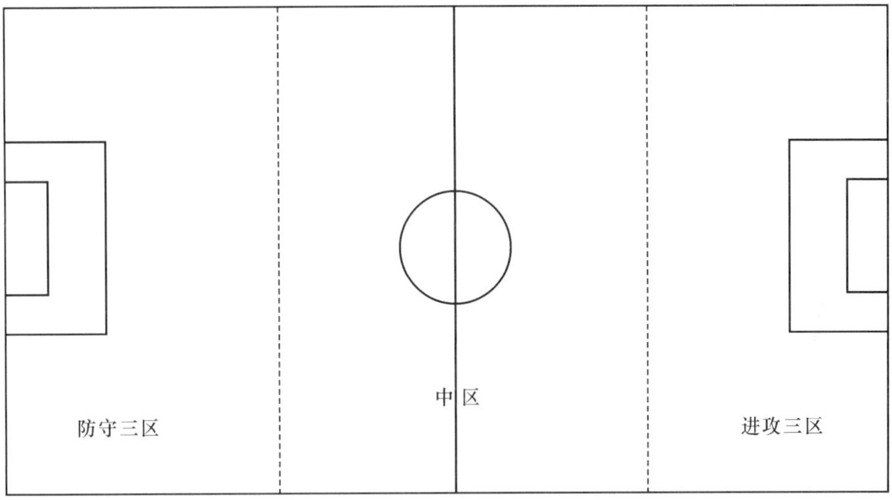

图 2-70

在防守一区即进攻三区，队员职责为通过压迫和逼抢将持球队员逼向边路，避免对方将球带入中区，因为速度一旦提起，或是随着对方队员的无球跑动导致传球路线增多，都将加大防守二区的防守难度。

在中区，队员应加强对对手的压迫，阻断其向前的传球路线，并且拖延对手，使其犯错。

在防守三区，加大对持球队员的压力，队友给予良好的保护以便压迫队员安心上抢，让球远离危险区域，即罚球区周围可以轻易完成射门的区域。

2.4 位置功能

足球比赛的规则是将球打入对方球门，并保护己方球门安全。球员位置靠前，便于射门；位置靠后，便于保护己方球门；位置居中，便于兼顾攻防和串联。球员位置的划分和固定，是为将球员的特长最大限度的发挥。例如，球员善于射门，就把他放到锋线，以有机会更多地射门。

队伍的 11 个位置可以归纳为 7 个：守门员、中后卫、边后卫、防守前卫（后腰）、进攻前卫（前腰）、边路前锋和中锋。

2.4.1 守门员

攻与守是足球比赛中互为对立的两个方面，进攻往往从防守的结束开始，防守的终点就是进攻的起点。守门员作为最后一道防线，往往是对方进攻的终结者，同时又作为本方进攻的发起者，所以在防守端需要有良好的技战术能力，第一要务就是破坏对方的射球与攻门，保护自己的球门不失分。守门员是全队最后一道防线，必须纵观全局，如果在比赛中，后卫队员出现位置错误、漏人和盯人不紧的情况，守门员可以及时提醒后防线的队员如何选位、补位。由于守门员不可以用手触及同队队员故意踢给他的球，所以他必须有能力处理好回传的球，并且充分考虑：在什么位置接球，用什么部位、哪只脚接球，接球后如何处理，是重新组织进攻，还是暂时控制住球，如果对方压迫得紧，是否直接解围，踢向什么方向，用什么脚法，等等。

在组织定位球时，守门员应该组织人墙，确定位置和人数，提醒队友防守队员位置等。而对于对手从边路不同角度的传中球无论是控制、破坏还是干扰，都要从容应对。

当今足坛技战术的发展，守门员已经不是仅仅守住球门不失分就可以。他是进攻的第一个发起者，我们经常可以看到守门员在比赛中直接发动进攻得分的情况。

以 2018 年俄罗斯世界杯 16 强赛日本对阵比利时的一场比赛为例：比利时队门将利用位置优势对场上局势进行快速准确地判断，快速发动反击，出其不意，获得奇效。

比赛进行到伤停补时最后阶段，日本队发出角球（见图 2-71）。

图 2-71

比利时队门将库尔图瓦将球没收，并观察队友位置稍作观察后决定将球送到从后场推进的德布劳内脚下（见图 2-72）。

图 2-72

德布劳内带球加速，向前场推进，如图 2-73、图 2-74 所示。

图 2-73

此时比利时其他队员也第一时间参与到反击过程，德布劳内决定分边（见图 2-75）。

边路队员传中，将球传至门前罚球区附近（见图 2-76）。

比利时队员轻松地将球射入日本队的大门，以 1 球的优势在比赛最后时刻绝杀日本，整个过程仅仅用时 14s（见图 2-77）。

图 2-74

图 2-75

2.4.2 中后卫

中后卫位居防线中间，其主要职责是防守时保护本方半场内中路危险的区域，负责对球门保护，适时上前压迫防守，承担攻守转换的任务。这个位置非常重要，可以直接降低对方对本方球门造成威胁的成功率，一般把中后卫称为防守的支柱。每队一般有两名中后卫。现代足球的两名中后卫一般都采取平行站位，在防守中更多的采用区域防守，取代了以前两名中后卫一个盯人一个保护的打法。采用区域防守要求两名中后卫的个人能力以及战术素养更加的严格，同时对防守的技术也有了更高的要求，因为在比赛中他的位置离球门最近，而且还在中路，所防守的是对方进球得分的重点区域，所以需要盯人、卡位、抢截、争抢落点、头球等，那么对其身高、体重、力量、抢点能力、作风性格都有很高的要

图 2-76

图 2-77

求，对身体素质要求很高。由于中后卫负责防守的是对方进球得分的重点区域，所以需要具备出色的防守技术能力。此外，中后卫虽然不需要像前卫队员或者锋线队员有那么好的技术，但是在比赛中要有一定的传接球能力，这样可以配合其他队员组织进攻和控球。中后卫是继守门员外全队最后的防线，也是观察全局最完整的人，而且他的位置是可以移动的，比守门员更加接近球，所以中后卫必须要有较强的阅读比赛能力。因为中后卫具有身高、力量、抢点能力强等特点，所以在本方获得任意球、角球的时候，中后卫通常会参与进攻。

以 2020 年欧冠八分之一决赛次回合利物浦对阵马德里竞技的比赛为例：

利物浦发起进攻，长传渗透球找到了前锋萨拉赫（见图 2-78）。

图 2-78

此时后卫全部迅速回追，边后卫直接压迫进攻队员（见图 2-79）。

图 2-79

中后卫则负责封堵进攻队员的射门路线，并为边路队员进行保护（见图 2-80）。

中后卫对进攻队员进行压迫，并持续对萨拉赫进行逼抢，直到将球解围，如图 2-81、图2-82 所示。

2.4.3 边后卫

边后卫位居防线两侧，主要负责边路的防守，除了防止对手的突破，还要防止对手向本方门前的传中球，阻碍对方球员把球从边线传入禁区。在某些防守体系里，他们也会负

图 2-80

图 2-81

责盯防，好的边后卫能守能攻，经常与前卫队员配合助攻到前场，并且具有得分能力和优秀的技术能力，大多数边后卫都会跟上助攻传中，令球队的进攻方式更立体。由于攻守两端的不停奔袭的打法特点，对边后卫的奔跑能力提出了极高的要求。

以 2018—2019 赛季欧冠半决赛利物浦对阵巴塞罗那的比赛为例：

巴塞罗那边前卫拿到球后稍作调整将球传给了插上的边后卫（见图 2-83）。

边后卫迅速前插，将球传入球门区附近的前锋苏亚雷斯（见图 2-84）。

苏亚雷斯铲射破门得分（见图 2-85）。

图 2-82

图 2-83

2.4.4 后腰

后腰是连接后防线和前场队员的枢纽，后腰可以分为防守型后腰和组织型后腰，前者位置靠后，主要负责中场防守，攻守串联，协助进攻；后者主要负责全队进攻方向的选择，节奏的把控，一般有极好的技术、意识（大局观），并且具有极强的阅读比赛能力。不论是防守型还是组织型后腰，两者都具备较好的防守能力。

后腰通常负责盯防对方的中锋，抑制其进攻的威胁。机动防守；根据临场的不同情

图 2-84

图 2-85

况，在罚球弧前面的中场地带，采用盯人与区域防守完成各种防守任务。及时补位：中路防守上出现漏洞时，应及时弥补中卫的空隙，封锁攻门的通道。一旦由守转攻，一侧前卫插上进攻时，亦应占据插上前卫留下的空当，以免中场脱节。伺机进攻。防守型前卫进攻的主要任务是负责前后左右的接应以及灵活地传球转移进攻方向。但是，一旦出现良好的战机也应及时插上进攻和远射。后腰队员还需具备进攻与防守技战术能力、从后插上得分能力，同时要有较强的有氧和无氧体能，身体素质一定要好。

以 2018 年欧冠巴塞罗那对阵国际米兰的比赛为例：

国际米兰发起进攻，此时巴塞罗那的边后卫迅速回防，切断了国际米兰的进攻路线，并与回防的布斯克茨进行了 2 防 1 的配合，对手被迫将球向前传出，如图 2-86、图 2-87 所示。

图 2-86

图 2-87

此时国际米兰边前锋接球决定向球门区突破（见图 2-88）。

从中圈附近回防的布斯克茨已经到达底线位置，滑铲将球送出底线，阻挡了国际米兰的进攻（见图 2-89）。

2.4.5 前腰

前腰位置相对靠前，主要负责前场组织调度，需要具备策划进攻能力，高能力插上得分能力，与前锋们配合创造得分机会，多传威胁球和突破，有较多射门机会，有协防任

图 2-88

图 2-89

务。前腰具备优秀传球技术能力、高超的射球能力以及高速度能力。

进攻前卫组织进攻：在中场随时准备摆脱防守，接应同伴，充分发挥组织者的作用。控制节奏：根据比赛临场情况决定进攻的速度和节奏，选择有利的传球时机与传球点。威胁球门：当中锋拉边或回撤，边锋里切或回撤，则应以突然的快速插上或套边占领空当，接获同伴传球。并依靠个人突破或 2 过 1 配合完成射门。积极防守：本方一旦丢球，就应立即转为防守，着重注意对口盯人，在中场延缓阻滞对方进攻，伺机抢夺，随着对方进攻的推进后撤到本方门前防卫。

以 2019—2020 赛季英超联赛第 1 轮西汉姆联对阵曼城的比赛为例：

曼城在后场抢断发起进攻（见图 2-90）。

图 2-90

球直接传到了前腰德布劳内脚下（见图 2-91）。

图 2-91

德布劳内利用速度突破了一名防守队员后继续向前场推进（见图 2-92）。

德布劳内面对四名防守队员第一时间将球向边锋斯特林转移。斯特林射门得分（见图 2-93）。

图 2-92

图 2-93

2.4.6 边前锋

边前锋相对中锋更靠近边路，主要负责边路进攻，也通过交插换位要完成多种战术任务。一般有较快的速度、较好的技术和意识。多通过团队配合、跑位、突破等方式，（为队友）创造或把握射门机会。多在边路完成团队配合或个人突破，主要威胁来自边路的传中，或边路内切后的射门或传威胁球。所以边前锋应该具备高超的前场突破能力、优秀射球得分能力、高速度快速反击能力、跟前场同伴配合突破得分能力，并且能覆盖前场较多地域。

以效力于利物浦的边前锋马内为例：

在利物浦与马德里竞技的一场英超比赛中，马内负责边前锋的位置，此时，他在边路拿球，面对对方形成的阵地防守阵型，并且进攻人数只有一同队队员，并不占优势，他决定利用个人能力进行突破（见图 2-94）。

图 2-94

突然的变向晃过了对方的边后卫，并和队友完成了一次撞墙式配合，完成射门，如图 2-95～图 2-97 所示。

图 2-95

图 2-96

图 2-97

2.4.7 中锋

中锋是全队进攻的尖刀和主要得分手。活动范围主要在前场对方禁区附近。

中锋主要职责是利用熟练的过人技术和突破能力，突破对方的防线，寻找和制造战机，射门得分，所以必须具备在门前的触觉和高速反击能力或为同伴创造良好的得分机会。由攻转守时，也需积极封抢，阻扰对方的进攻组织，具备前场防守能力。中锋要求具备全面、细腻的技术，勇猛、顽强的作风，善于带球过人突破防线、争顶头球和捕获射门战机。采用两个中锋的打法时，一个为突前中锋，站位比另一个中锋略前些，主要起尖刀作用，防守时一般不回撤太深。突前中锋是中锋的一种，主要任务是插在对方后卫线中，全力克服对方抢截、冲撞、铲断等困难，努力寻找或制造机会，争取射门得分。因这类队员像一把尖刀插在对方球门前的要害地区，故常被喻为“尖刀”“突击手”。要求必须有强烈的射门愿望和优异的射门意识、技巧，善于在千变万化的球场上及时抓住稍纵即逝的战机。另一个为拖后中锋，站位略靠后，与突前中锋密切配合，制造和觅取射门战机，防守时须积极回防。

以 2018 年欧冠小组赛巴塞罗那对阵国际米兰的比赛为例：

巴塞罗那中锋拉基蒂奇拿球向前场推进，传球给边前卫后继续向前跑动（见图 2-98）。

图 2-98

边前卫将球给边锋，边锋传递给了前锋，前锋将球回传给了发起本次进攻的中锋拉基蒂奇（见图 2-99）。

图 2-99

拉基蒂奇起脚射门（见图 2-100）。

图 2-100

2.5 由攻转守

2.5.1 比赛的 4 个时刻

足球比赛可以用 4 个比赛时刻划分，分别为本方控球、失去球权、对方控球、夺回球权。这 4 个比赛时刻的不断转换促成了一场完整的足球比赛。而在这过程中，队员往往会采取射门得分、组织或干扰对方组织有效进攻、保护球门和建立有效进攻这 4 种行为。

2.5.2 由攻转守的目的

由攻转守的目的是为了更快地夺回球权。当本方球权丢失后，最接近球的队员立刻上前压迫，开始阻止或干扰对方组织有效的进攻向前推进，延缓对手快速发起进攻，就算没有找到合适的抢断机会，也要为队友赢得时间回防到位参与更好的防守，所有队员的共同目标就是设法防止对手破门得分。

2.5.3 由攻转守的步骤

球权一旦丢失，球队便立刻转换为防守状态，队员思想上立即由进攻转为防守，采用侧面或后面的追赶球，或是正面堵截等方式干扰对方向前进攻，其他队员迅速向有球一侧移动，快速回防到基本位置。当球附近形成人数优势时，就近队员应进行压迫球，快速攻击持球人，迫使对手踢向两侧，迫使对手带球或迫使对手回传，同时其他队员盯防对方接应队员，以防止失球为大原则。封堵对手射门，防止对方进入射程的直接危险区域，并加强对可能抢得球权进行二次进攻得分的队员盯防。

2.5.4 由攻转守的战术要求

由攻转守有两种战术选择：回撤布阵和立即压迫。根据队员和对手的情况，队伍要灵活运用这两种战术，选择合理的战术行动。持续的攻防转换需要超强的比赛体能，因此比赛中体能的分配也决定了由攻转守的效率。

以 2019—2020 赛季欧冠小组赛莫斯科火车头对阵马德里竞技的比赛为例：

马德里竞技在前场获得任意球机会（见图 2-101）。

图 2-101

任意球配合出现失误，球被莫斯科火车头队员传到前场进攻队员脚下，如图 2-102、图 2-103 所示。

图 2-102

图 2-103

此时，马德里竞技 7 名队友同时回撤，全力冲刺到本方球门区附近，进行防守，如图 2-104、图 2-105 所示。

图 2-104

当持球队员第一次传球时，马德里竞技的阵地防守阵型几乎准备就绪（见图 2-106）。

当莫斯科火车头队员进行第二次转移球时，马德里竞技队员已经形成了两道防线，第一道防线进行人盯人，第二道防线进行区域防守（见图 2-107）。

在这种快速由攻转守的情景下，马德里竞技队员从无组织的防守迅速调整到了阵地防守状态，让莫斯科火车头失去了一次良好的进攻机会（见图 2-108）。

图 2-105

图 2-106

2.6　由守转攻（反击打法）

2.6.1　比赛的 4 个时刻

足球比赛由本方控球、失去球权、对方控球和夺回球权 4 个比赛时刻构成，其中夺回控球权时，即为反击打法发挥的最佳时刻，同时可以考虑当时所在的区域，选择不同的反击打法以求最佳效果。

图 2-107

图 2-108

2.6.2 反击打法概念和缘由

反击打法是指比赛中一支球队处在防守状态下时，抢得球权后快速向对方球门实施进攻（传球配合、快速带球跑）以获得分的战略和战术行动。

反击打法是教练员根据队员、对手、赛况等情况综合考虑后采取的一种战术打法，这种战术对于在本方没有强力的进攻阵容对对方造成威胁，但还需要和对方抗衡形成势均力敌的局面的队伍是非常稳健有效的一种方式。反击打法的场景有很多，比如当对方在进攻时身后空当无法得到及时保护的情况下，本方可以快速利用此时场景完成进攻。在对方没有形成有效的防守体系时，也可以通过反击得分。而当实力弱于对手时，可以采取防守反击的打法控制住场上局势。当本队拥有快速且个人能力出色的进攻队员时也可以采取反击打法，以确保对方半场有足够的空间发挥出队员的优势，2018 年世界杯法国队的姆巴佩就凭借自己超强的速度能力为法国赢得大力神杯做出了巨大贡献。

2.6.3 反击打法的基本条件

比赛中很多情况的出现都为反击打法提供了条件，比如当对方传球失误时，对手的阵型无法从进攻阵型迅速形成防守阵型，在区域内会形成空间，为反击打法提供了条件。当强有力的断球抢到球时，球会因为力量被弹出，如果球的运动轨迹和进攻方向一致，此时速度成为了关键，一旦摆脱了对手迅速回撤的后卫，将直接面对门将形成单刀射门的机会。而守门员也可以发起进攻，当得到球后（角球防守、任意球防守）快速通过传球给最前方的进攻队员，此时对方的防守阵型并不完美，快速的进攻可以打乱对方的防守阵型。得到罚任意球进攻机会时也是发起反击的绝佳时机，这种情况往往出现在对方犯规后指挥布阵人墙期间，对于没有警告或者红牌出现的犯规，队员可以快速在犯规发生地点发出任意球，乘虚而入。当对方必须要赢得比赛的胜利，加强进攻的同时疏忽了对本方进攻队员的盯人或防守时，也为本方提供了防守反击的良好条件，对方大举压上，后场一定留出了足够的空间，空间越大，发挥反击的条件越优越，成功几率越高。

2.6.4 反击打法的战术要求

由守转攻的反击打法转换速度一定要快，获得球权后队员立即向前传球或带球跑，其他参与反击的队员积极接应队友，并且以顶级速度跑动，如果传球，球速要快。并以最少传球次数和最快捷的解决方式，比如快速射门，确保快速完成得分。

2.6.5 反击打法的 4 种形式

2.6.5.1 经典反击

经典反击一般是在后场获得球权发起的，利用对手无组织的防守状态，通过较少的进攻队员（2~4 名）参与进攻，较少的触球和传递完成射门。全队向上压上，并占据正确的进攻位置，为下一步行动做好充分准备。首选向前传球，这需要球员向前移动的速度和精准的传递，以及快速坚决的射门。经典反击的优点是在对方防线后留出了足够大的空间，便于本方发起快速反击（见图 2-109）。

以 2018 年俄罗斯世界杯日本对阵比利时的一场比赛为例：

日本采用经典反击的打法，先在本方半场进行阵地防守，此时对方半场留出了足够的空间（见图 2-110）。

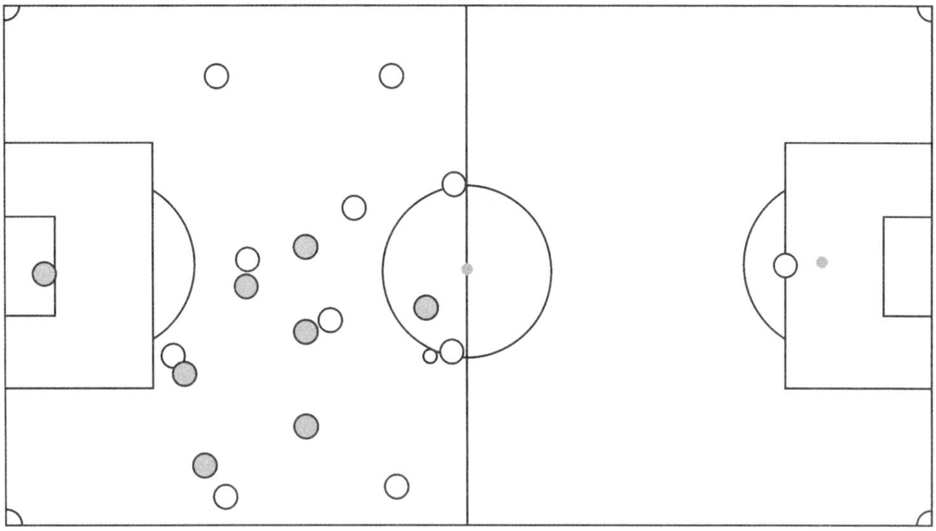

图 2-109

图 2-110

当比利时队员传球失误，被日本队员抢断后，边后卫即刻前插，策动反击（见图 2-111）。

日本队员通过第一次传递完成了对球从边路向中路的转移（见图 2-112）。

第二脚传递便将球送入对方罚球区，最后由后场赶到的边后卫完成射门得分（见图 2-113）。

2.6.5.2 集体反击

集体反击一般在中场赢回球权发起，得球队员利用对手无组织的混乱防线，正确的决

图 2-111

图 2-112

策和行动向前发动进攻，通过较少的触球次数或高速向对方球门带球，寻找射门机会，这需要球员向前移动的速度和精准的传递，以及快速坚决的射门，全部队员以最快速度压至对方半场，并占据正确的进攻位置，为下一步行动做好充分准备（见图 2-114）。

以利物浦的一次集体反击为例，在中场 4 人形成一道防线，迫使曼城队员回传球，而利物浦两名前锋则同时压迫曼城唯一的接球队员，抢夺球权实现反击。集体反击的优点是无论在对方半场还是本方半场都留有适当的空间，并且本方防线有足够的人员部署，就算球权发生了转换，也可以迅速回到防守状态，不像高位防守，如果后卫速度不够快，便无

图 2-113

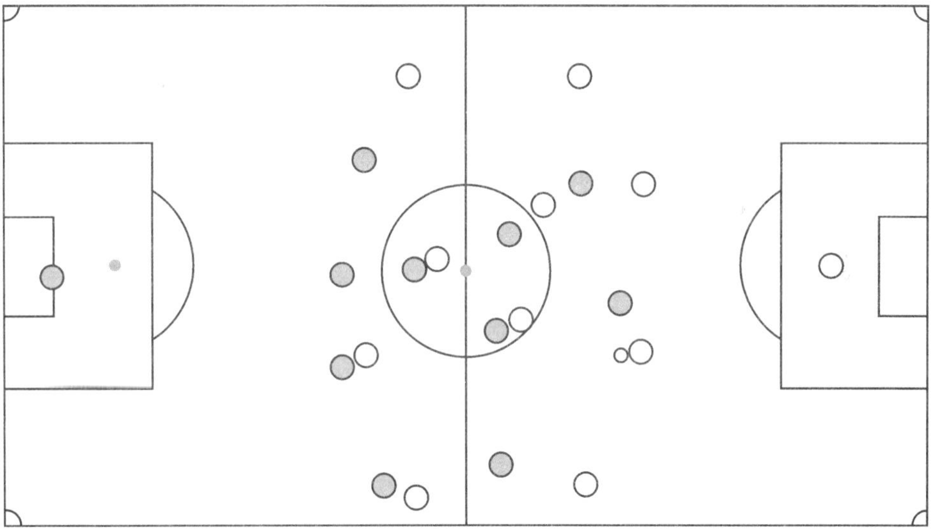

图 2-114

法跟上对手的进攻步伐，导致失球（见图 2-115）。

2.6.5.3 高位反击

高位反击是指在对手半场抢下球权由少量攻击手快速发动的进攻，在反击时第一得球人决策起到关键性的作用，通过较少的触球次数或高速向对方球门带球，寻找射门机会，需要快速和精准的向前传递，直接攻击对方球门，首选射门，为下一步行动做好充分准备。高位反击的打法相对缩小了对方的后防线以后的进攻空间，因此对球员在狭小空间进

图 2-115

行配合的能力提出很高的要求。比如曼城和利物浦两支英超劲旅，在球场上始终采用高位压迫，并在前场策动快速反击（见图 2-116）。

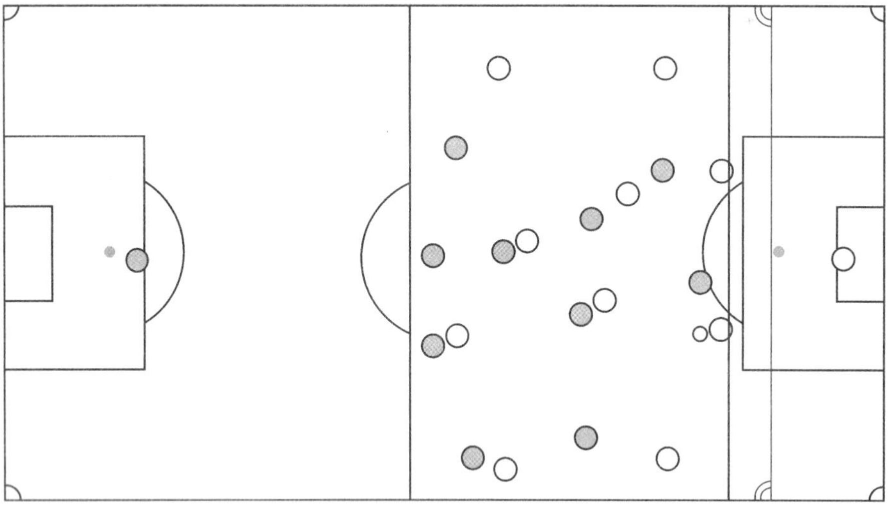

图 2-116

以曼彻斯特城的一次高位反击为例，在对方防守区域形成了 5 防 3 的局面，加上队员从两侧压迫持球队员，使其只能往后传球或者将球解围，失去主动权（见图 2-117）。

2.6.5.4　单刀反击

单刀反击是指在防守方半场内进攻球员带球，在无任何防守方球员（守门员除外）干扰的情况下，单独面对防守方守门员的反击情况。单刀反击通常是高位防守或前场丢球后

图 2-117

反抢，一般由一名球员个人直接带球完成射门。

单刀多在以下几种情况时发生：（1）进攻球员个人带球或球员之间配合突破对方防线；（2）防守方传接球失误；（3）快速反击时；（4）防守方越位失败或进攻方反越位成功；（5）长传突破时。

以 2018—2019 赛季英超联赛第 22 轮热刺对阵曼联的比赛为例：

热刺边后卫试图将球转移至队友脚下（见图 2-118）。

图 2-118

此时曼联队员突然上抢，夺下球权（见图 2-119）。

图 2-119

曼联球员长传转移至边前锋（见图 2-120）。

图 2-120

边前锋形成单刀反击机会，并带球突破（见图 2-121），完成射门（见图 2-122）。

图 2-121

图 2-122

2.7 射门技巧

2.7.1 现代足球射门进球的基本特征

相关研究数据表明，现代足球比赛中进球最多的区域是本方禁区及其前沿的中路地区，其进球数占总进球的 89%。并且射门进球多在“动”中奏效，射手总在被紧逼盯人的情况下，摆脱防守人得分。

2.7.2 守门员害怕出现的情况

守门员往往是球队的最后一道防线，也是最后一道指挥线，优秀的守门员不但守门技术精湛并且具有良好的组织防线能力，但守门员也有很多害怕出现的情况。

实战中守门员的注意力必须是时刻集中的，因为对手可以在任意地点完成射门，虽然不是每一脚射门都会射进门框，但由于球进入守门员接触范围的过程受到很多因素的干扰（比如弧线，反弹等），因此每一脚射门的完成都对守门员提出了挑战。如果射门的隐蔽性强并且球速、角度都比较完美，守门员便很难完成扑救。其中射门距离是守门员担心的因素之一，比赛中，离球门 8～10 码的低平弧线球一定是守门员最不愿意看到的“好球”，因为这种球距离近，力量大，并且带有弧线，而且角度较低，门将必须以最快的姿势倒地，以确保球被挡出球门。但是由于球的力量较大，守门员只能通过身体的阻挡将球弹出，而不能很好地控制住球，从而形成对方二次进攻的机会，而且已经扑倒的姿势也不利于迅速地起身扑救。因此，守门员会通过语言控制防守队员的站位（压上或拖后），避免对方进攻队员轻易的在近距离完成射门。

同样地，在防守时，本方和对方队员会密集的集中在球门区附近，此时的每一次射门都会有形成反弹的可能，如果突然向守门员周边的大力射门也会让守门员头疼，守门员很难在如此短的距离和时间内做出精确的反应。再比如在无防守压力的情况下后 1/3 场区丢球的情况，在这个区域会迅速形成反击，守门员需要考虑是否出击，并且对手没有射门角度限制，因此，这时突如其来的射门和对手轻易运球向他们推进也会对守门员造成威胁。

其次是隐蔽性强的球，比如十分隐蔽的多种伪装的攻门，守门员如果不知道对方要射门，在没有准备的情况下，甚至只能眼睁睁地看着足球入网，身体完全无法做出反应。

另外角度刁钻的球也很难扑救，比如传向后门柱区域内的高空横传球和定位球，特别是发向前门柱的角球、点球、直接任意球。

当然，除了对方队员的行为会对守门员造成困扰，同队队员的行为也会给守门员造成失球的被动局面。

比如同伴面对本队守门员时触击球，这种情况往往出现在对手前场高压逼抢的情况下，由于规则要求，守门员不能用手触及队友故意的回传球，如果回传质量较好，守门员可以将球解围，但是如果球速稍慢，进攻队员迅速逼抢，守门员没有出球空间，便容易在门前失球。又如球传到防守队员身后或防守队员与守门员之间、队友之间的后场传球失误，也会让守门员进入紧急状态。

2.7.3 射门失败的原因

射门机会是努力创造出来的，如果仅仅创造出射门机会而无法把握住，那么一切都是徒劳。

高水平的射手在比赛时为了抓住每一个射门的机会往往是注意力集中的状态，因为每一次射门机会都关乎球队的命运，所以他们会对每一次射门负责。队员应该时刻牢记 10 次射门等于进 1 次球，如果对出现的机会反应不敏锐，不机警，则抓不住机会。

另外技术欠佳，跑动时机不当，局限的视野与意识水平，惧怕身体对抗，缺乏踢球，摆腿动作不正确，缺乏助跑支撑速度，不现实的欲望与企图，以及思维过程缓慢等原因都是导致射门失败的原因。

2.7.4 如何改进射门技巧

2.7.4.1 改进技术

掌握良好的技术是完成高质量射门的基础。首先应该保证技术动作的准确，即适宜的身体形态、流畅的动作、射门时的身体平衡。在这个基础上，队员可以通过腿部力量与射门速度的提升提高射门的质量。

同时，通过反复的射门练习以及不同场景的射门提高射门意识。

2.7.4.2 提高战术配合质量

提高战术配合质量也可以大幅度提高比赛中射门的次数，从而增加进球。具体的战术配合包括如下方面：

（1）定位球在比赛中无疑是难得的得分机会。

（2）在比赛之前应该加大对直接任意球、间接任意球、角球、点球、掷界外球和开球战术的制定和练习并在比赛中应用出来。

（3）在训练中也可以设计断球后的反击场景，当队员追球射门、运球射门、转身射门或者通过局部的配合完成交叉换位射门以适应比赛中的真实场景。

（4）角度刁钻、力量十足的远射对于守门员来说是难以扑救的，因此如果比赛中出现突然的远射往往会获得进球机会。这种场景往往出现在球队发起进攻时，当进攻队员压至球门区内完成射门后，形成回弹球，控制二点球进行补射的队员在罚球区前 5~10m 的位置稍作调整完成射门。但是这要求队员能够在合适的位置出现，需要在平时的训练中提高在门前选位的能力。

2.7.4.3 提高射门技巧

队员在实施射门时优先考虑的是射门时机、射门质量以及补射意识。

射门时机体现在队员应该明确何时射门，当射门时机出现，队员应该第一时间完成射门动作，这需要对球的发展进行预判才能够完美衔接。

射门质量体现在面对不同来球合理选择射门方式，比如来球是地滚球可以顺势采用低平球的方式射门。另外应明确触球部位，采用何种技术动作完成射门。还可以通过跑位创造更好的射门机会。

补射意识应该是每一名射手都应该具备的，比赛中很多球被门将扑出后无法控制，这就形成了很好的补射时机，但是如果在射门前没有补射的想法，当时机成熟了再去行动往往为时过晚。

2.7.5 得分训练指南

射门练习应该保证更多的练习次数，训练中应该多重复，有效组织，避免射门练习的长时间等待。反复练习不但可以提高球员对技术动作的反复思考，还能形成肌肉记忆。

练习中应该结合比赛中出现的场景完成射门练习，比如在禁区内不可能出现没有防守干扰的射门，所以在训练中应该加强对抗，做到训练和比赛结合才能够让队员在比赛中发挥出训练的水平。

而长时间用一种方式练习则会扼杀球员训练热情，因此教练员可以安排多种多样的练习形式，并询问球员的建议。

练习时一定要集中注意力，明确何时施射以及射门角度，这就需要在射门前观察守门员的位置。

射门练习的原则是由简到繁、由易到难、从已知到未知。

最后教练员应该零互动安排射门训练，观察队员的态度和实力变化，实时调整。

只有在良好的训练计划之下，才能不断追求细节上的准确。在每次训练结束后，教练员都能根据球员的情况指出 1~2 点可以提高的地方，并对错误动作给予纠正和指导，这样才能有效地提高射门质量。

远射形成之前的球员站位示例，如图 2-123 及图 2-124 所示。

图 2-123

图 2-124

2.8 定位球进攻

2.8.1 定位球进球数概率

数据说明，在现代国际足球赛事中定位球的进球数几乎占总进球数的 1/3（见表 2-1），定位球进攻之所以有如此大的威胁和成功率，主要在于定位球打法直接简单，使防守的难度系数大大增加。其优势在于：规则规定，在发定位球时，对手不得在 9.15m 的范围内，除掷界外球外。这样，就给进攻者足够的空间进行战术安排。定位球战术简单，其影响因素相对较少。所以一个队伍处理定位球的质量也在一定程度代表了球队的实力。

表 2-1 定位球进球数情况统计

赛事名称	总进球数/个	定位球进球数/个	定位球进球比率/%
1994 World Cup	141	46	32.6
1998 World Cup	171	62	36.3
2002 World Cup	162	45	28
2006 World Cup	147	46	31.2
2010 World Cup	145	35	24.5
2014 World Cup	171	48	28.07
2017 AFC	394	108	27.9
2017—2018UEFA	401	78	19.4
2018 World Cup	169	59	34.9

2.8.2 定位球种类

定位球可以分为角球、任意球、球门球、掷界外球、中圈开球和球点球 6 种。

2.8.3 定位球原则

定位球机会的把握往往能够在比赛中反转战局，起到四两拨千斤的作用。处理定位球要有计划性地进行，如果没有提前的练习，在比赛中临时决定，往往无法很好的完成配合。

定位球可能在球场中任意地点发出，每个区域都有不同的罚球方式，不必为了完成精美的罚球太过勉强，在适当的地点用适当的方式即可。

定位球发出后应该以最快的方式完成射门，如果不断增加触球次数，则失去了定位球的优势，场面重新变成控球，甚至有失去球权的风险。可以通过假动作干扰门将及防守队员的判断，提高定位球的进球概率。同时，队员应该时刻保持清醒与警惕，避免在关键区域的草率犯规给对方送礼。

定位球虽然是进攻手段，但是也要注意后场的防守阵型不能松懈，因为球一旦发出经过反弹，形成了对手的反击机会，所有防守队员应第一时间选择最佳线路回防跑动，防线要在第一时间形成，以免失球。

值得注意的是队员极佳的执行力能够在不违反规则的情况下第一时间将球发出，让对方措手不及，极大地提高了定位球进球的效率。

2.8.4 定位球进攻

2.8.4.1 表现原则

全队上下应该明确本队的战术和进攻思路，基于不同战术选择相应的定位球方式。在不同的地点，不同的时间明确主罚队员。主罚队员应该明确目标，比如运用何种技术，操罚何种类型的任意球。在任意球发出和结束的过程中，各队员的位置不同，因此采取各自的战术行为，以确保创造有利于任意球进球的场景。队员应该时刻注意球的位置，选择合适的区域进行进攻或包抄射门。当定位球被守门员或防守队员拦截后，在罚球区内及周围区域会形成二次进攻的机会，球员应该提前预判，站在安全区域以便于形成射门。

2.8.4.2 进攻要求

定位球进攻时要求简单处理，最好事先安排或者即兴应变，准确性是必不可少的要素，另外发球时机、勇气和多样化的发球方式也都决定了定位球进攻的质量。

2.8.5 定位球进攻关键要素

定位球进攻时，应根据球员的长处和弱点合理组织，有必要时提前将替补队员换上，以备定位球战术的发挥。比如罚球点球决胜之前，将体力更充沛的守门员换上。

当队友罚定位球时，无球队员的跑动也十分重要，如果跑位过早，防守阵型会提前缩紧，如果跑位时机晚了一步，那么会错过二次进攻的机会，因此跑位时机很关键。

另外，主罚队员的准确性也十分重要，如果定位球不选择直接射门，那么队员的第一次触球决定了球继续的发展，是射门得分还是通过后蹭或变向，可以根据实际情况选择。同时注意对二点球的处理，如果为了得分，则选择射门，如果为了重新获得球权则可以选择控球或传中并时刻留意对方反击。定位球进攻遵循简单性的原则，并且队员应该先对场上局势进行观察再决策。

2.8.6 角球进攻

随着足球技术的不断提高，角球进攻威胁随之增高。在组织角球进攻中，站位的基本原则是：队员分布禁区内和附近区域，力争获得更多的进攻点。对于站位形式有：一是以球门区近角、罚球点和罚球区远角的三点所构成，形成进攻的宽、深度；二是略居罚球区之外，以便获得同伴踢出的球和对方顶出的短距离球。有时角球进攻中根据战术需要，角球区附近也站一名队员，他或为短传配合或为诱惑防守者，分散中路防守的注意力。角球进攻的方式通常有 4 种：一是内弧线球至近球门柱或远球门柱；二是外弧线球至近门柱或远门柱；三是低平球或高吊球至近球门柱或远球门柱；四是短传配合。在选择采用以上哪种角球进攻方式中，首先需考虑的是对方队员和本方队员特点以及对方站位形式。一般说来，当防守者具有强于本队的空中争夺能力或队员集中于门前时，最好避免直接长传至门前。此外，角球进攻方式还需要考虑到阳光、风力等气候因素。特别值得提出的是，角球进攻方式应尽可能有变化，因为只有不断地变化，才可造成守方防不胜防，措手不及。在各种长传球至门前时，如果没有直接顶或射门的机会，触球者应通过头或脚把球传给位置较佳的同伴。由于角球进攻时大多数队员压上前场，因此，当对方从角球进攻中断球时，每一队要及时回到防守位置，以应对快速反击（见图 2-125）。

图 2-125

以 2020 年英超联赛利物浦对阵马德里竞技的一次角球进攻为例：

马德里竞技队员准备发出角球，此时马德里竞技 4 名队员在罚球弧外等待争抢二点球。4 名进攻队员则在球门区内争抢一点球（见图 2-126）。

角球即将发出，球门区内的 4 名进攻队员突然向各个方向跑动，牵扯防守队员的精力。

图 2-126

角球发出，此时马德里竞技 4 名队员呈一字排开，争抢头顶球，确保了在不同落点都能有争抢球的机会（见图 2-127）。

图 2-127

在这次头球争顶后，马德里竞技虽然没有直接完成攻门，但是球落到了利物浦防守队员脚下，造成了他的解围失误，球权重新回到了马德里竞技队员的脚下（见图 2-128）。

此时马德里竞技队员身边已经没有防守队员，形成了单刀机会，轻松破门得分（见图 2-129）。

2.8.7 任意球进攻

任意球是一种可以随意处理皮球的方式，是一种在犯规后重新开始比赛的方法。当现

图 2-128

图 2-129

代足球对于防守的要求达到空前高度之时，任意球进攻就成为了破门得分的重要手段，在距离人墙 9.15m 开外，任意球大师凭借着出众的脚法可以瞬间改变比赛、扭转战局。而依靠团队协作的精妙配合同样可以达到预期效果。

对于进攻方来说，处理任意球时所面临的防守强度与运动战时不可同日而语，完全占据主动的进攻方可以凭借球员的个人能力和出其不意的团队配合，令在运动战中顽强抵抗的对手缴械投降。

根据进攻方主罚队员触球次数和人数的不同，任意球可以分为直接任意球和间接任意球。直接任意球往往被本队脚法出众的一名或数名队员包办，而需要进行周密部署和赛前演习的间接任意球则是定位球向运动战的延伸，良好的战术意识和配合能力是取得成功的关键。

以 2018 年俄罗斯世界杯的一次任意球进攻为例：

红队队员准备发出任意球的瞬间，进攻队员在两名队友的掩护下突然插入罚球区内，如图 2-130 及图 2-131 所示。

图 2-130

图 2-131

红队进攻队员直接找到球的第一落点，铲射破门（见图 2-132）。

图 2-132

2.8.8 球门球进攻

球门球进攻是指通过罚球门球直接发球进攻，可以分为长传和短传方式组织进攻。

如果在比赛中认为罚球门球只是恢复比赛的一种手段，这就等于在中场附近将控球权交给了对方。虽然人们普遍认为，一旦获得控球权就要充分利用和创造空间，但他们往往在罚球门球时并没有充分体现出这一原则。队员在罚球门球时不敢大胆拉开地去接应罚球门球的原因，是怕在本方球门前造成失误，这实际上是队员对自己的接控球能力有所怀疑的表现，是对自己的传接能力不信任，因此要克服这一不良心理障碍，对自己的传接球能力充满自信，敢于在罚球门球时拉开空间接应罚球队员。同时，在罚球门球时，罚球队员和接应队员应当考虑接应队员，应当拉开宽度和制造纵深空间，为传球创造空间。要注意传球的质量，特别是传球的速度与方向尤为重要，传球队员应当将球传至接球队员远离防守队员一侧的脚下，这样防守员不易抢到球。需要注意的是，即使传出的球还未到达接球队员的脚下，其他无球进攻队员也应当向接球队员跑动形成接应或保护，或者是在重要区域创造更多的空间，一旦接球队员控制球，便可进一步向对方发动连续的攻击。

攻方队员罚球门球时，保证在本方罚球区附近有 4 名队员拉开接应，每名队员都能够接应罚球队员踢出的球，从而组织下一步的进攻。如果对方队员此时对其全部队员实施盯人防守，则必须向罚球队一方的后场压上，这样防守队一方后场的纵深空间就会大大地扩大，为进攻球队一方利用防守队员身后的空间提供了有利条件。

以 2019—2020 赛季英超联赛小组赛第 4 轮阿森纳对阵托特纳姆热刺比赛中的一个球门球进攻为例：

由于阿森纳采用的是4-4-2菱形中场的高位逼抢体系，前场有足够多的人数，因此托特纳姆热刺门将洛里采用长传球的形式发出这个球门球（见图2-133）。

图2-133

中场队员接到头球向前转移（见图2-134）。

图2-134

前场球员接球向边路推进后将球向前送出（见图2-135）。

持球队员稍作调整后完成射门，球被守门员扑出，边路插上的队员补射破门得分，完成了一次由球门球发起的进攻，如图2-136~图2-138所示。

图 2-135

图 2-136

2.8.9 掷界外球进攻

足球比赛中掷界外球的次数很多，特别是在前场的界外球，它已接近了角球对双方所产生的影响和效果，且投掷界外球无越位限制，有利于进攻方的战术配合。

掷界外球进攻有很多种方法。可以选择直接回传：由接球者直接或间接回传给掷球者，由掷球者组织进攻。或者摆脱接球：用突然的变速变向摆脱防守，接应或插入接球，展开进

图 2-137

图 2-138

攻。还可以选择长传攻击：由擅长掷球的队员掷出长传球，由同伴在对方门前配合攻击。如掷球给跑动中的同伴，接球后用头顶后蹭传球，另两名队员配合的同时包抄抢点攻门。

以 2019—2020 赛季英超联赛第 22 轮热刺对阵利物浦的比赛为例：

边路形成界外球机会，边锋马内选择站在底线位置吸引防守，而前锋萨拉赫也站在了罚球区内，两个人的站位导致了热刺后防线整体后移，中场线与后防线的空间被拉扯出来（见图 2-139）。

图 2-139

此时界外球发出，菲尔米诺反身跑位，直接找到了空挡区域（见图 2-140）。

图 2-140

热刺后卫头球将球解围，此时在罚球区外，利物浦 4 名球员形成了一道防线，准备争抢二点球（见图 2-141）。

图 2-141

维纳尔杜姆头球至萨拉赫脚下（见图 2-142）。

图 2-142

萨拉赫直接将球传到回撤接应的菲尔米诺脚下（见图 2-143），菲尔米诺凭借精湛的个人技术完成破门（见图 2-144）。

图 2-143

图 2-144

2.9 定位球防守

2.9.1 防守组织

随着现代足球对任意球得分的需求逐渐提升，如何能够做好任意球的防守，引起了越来越高的重视。任意球防守成功的前提条件是组织严密、分工明确。

由于任意球发生地点是不可控因素，因此在赛前就应该将区域和责任明确划分，确保在实战中，队员知道自己的职责；清楚哪些区域应该由谁防守；当进攻队员突破，防守任务应该如何转换。

以直接任意球为例解释定位球防守的组织过程：当对方获得距离球门35m内的任意球时，首先要有一名球员上前干扰阻止对方快发任意球，安排身高较高的球员来排人墙，一方面增加对方绕过人墙的难度，另一方面在可能出现的门前混战中，小个子球员比较灵活，反应更快，对于破坏乱战具有一定优势。守门员必须站在既可以看到球，又不在人墙后盲点的后方，最好靠近球门中心。其他防守球员立刻站到人墙位置将直接射门的角度封死。当确定对方不能快速将球发出后，守门员再检查指挥人墙站位是否完全封堵住近门柱一侧球门，远门柱一侧则留给门将单独防守。本方队员都尽可能多的回到防守区域。

如果是远距离任意球，对方一般采取传中球，象征性的站一到两人封堵最佳线路，这个位置的人墙一般安排速度快、技术好的进攻球员担当，以便之后断球可快速发动反击，个头高的球员则留在禁区线附近破坏对方第一点球。

如果是35m内可直接射门的任意球，则需防守战术安排（见图2-145）。

图2-145

2.9.2 区域防守

区域防守是指全队在防守时，层层设防，形成层层盯人加保护的整体防守体系。在区域防守体系中，队员需要迅速而有效地确定位置，每个队员都是在自己相对稳定的防守区域内进行盯人防守，一般占据和保护重要得分区域，忽略不明显的得分区域。防守人尽量减少移动，主要对进入自己防守区域的球实施反应，当对方进攻队员交叉跑位到另一个防守区域时，我方防守队员和该区域防守队员交换防守任务，一般不越区盯人，避免盯人混乱，受对方的牵引。防守队员的保护由在其身后的队员保护和支援，当对方强行突破或无球跑动切入接球时，防守队员要紧追盯防。加强二次防守更易于重新调整防守区域。防守的优势在于节省体力，队员在防守时的机动性和保护性更强。缺点是防守队员需要有良好的判断预测能力和意识。如果队员的配合不默契，对方就会充分利用两个防守区域的交界处，而交界处一旦被突破就会和守门员形成单对单的形势（见图 2-146）。

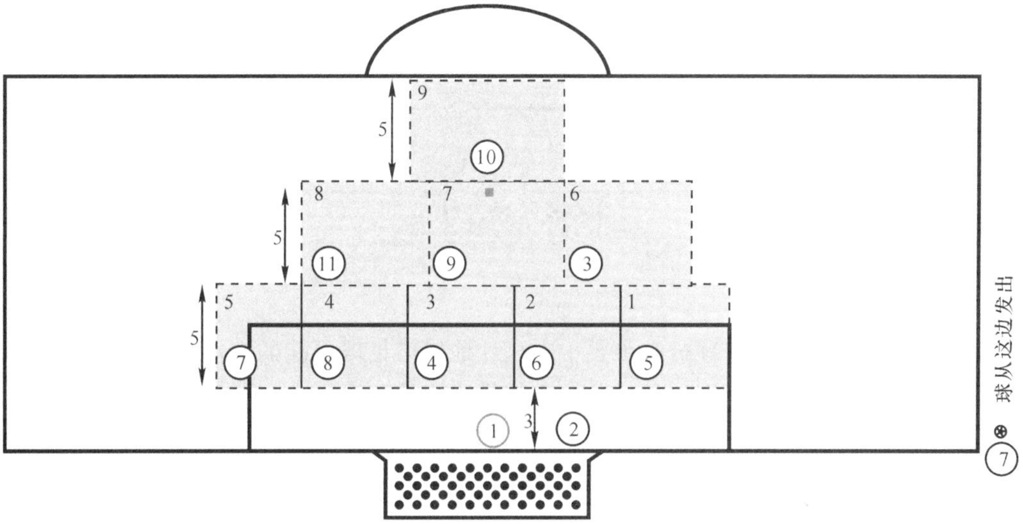

图 2-146

2.9.3 盯人防守

盯人防守是指防守者通过各种方法，紧紧跟随并看住自己的对手。其基本目的在于严密控制对手在种种战术形势下的有效行动，诸如接球、运球、传射等。盯人方式主要有紧逼盯人和松动盯人两种。紧逼盯人一般适用于禁区地带或盯接近球的进攻队员；松动盯人一般适用于盯离球远的队员。人盯人防守的优点是队员职责明确，不需要太多准备时间，教练员可以根据每个人的特点安排相应的盯防对象，比如在定位球中，让擅长头球的队员盯防对方最危险的攻击手或者高个子球员。人盯人防守的缺点是队员容易跟对手扎堆形成混乱的局面，而且因为阻挡容易丢掉自己的防守对象，甚至在身体对抗过程中在罚球区内造成点球（见图 2-147）。

2.9.3.1 盯人防守技术要领

盯人防守技术要领包括如下几点。

（1）注意对对方传球路线的封堵。防守球员要注意在防守的时候紧盯的是人，但阻截

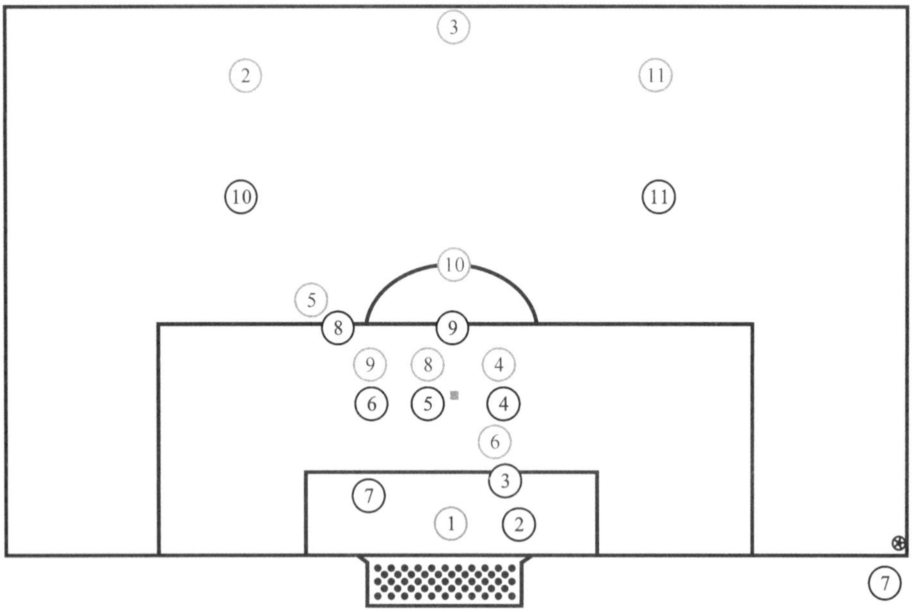

图 2-147

的是球而不是人，所以防守球员必须要千方百计地封堵足球可能的进攻路线。防守球员总是站位于攻防球员的内侧，即攻防球员与守门员之间的连线之中。

（2）注意防守距离的掌握。防守队员看到攻方球员进入自己的防守区域时要迅速上前进行拦截。拦截的时候防守队员与进攻队员之间的距离不要太远，也不要贴得太近，攻守双方球员对峙时保持一箭步的距离较为适合，可以进退自如。

（3）注意延缓对方的进攻机会。当进攻队员急于起脚传球，防守队员可以用下肢阻挡进攻球员的传球路线。防守队员要充分了解攻方带球球员的进攻路线和动作意向，采取各种方法来延缓进攻球员的进攻时间，为防守方迅速布防赢得宝贵的时间，以使有时间让接应球员前来围堵攻防球员，从而抢断足球并解围。

（4）注意把握抢断时机。防守队员要注意进攻队员的每一个运球动作和动作的意向，防守队员步步逼近的同时，设法把球从攻方队员那里抢截下来。当进攻队员接球落地或者停球的瞬间要及时出脚，这是防守队员抢断足球的最好时机，如果抢断没有成功的话不要着急，防守队员可以退后半步，继续寻找抢断的机会。

2.9.3.2 盯人防守注意事项

盯人防守注意事项包括如下几点。

（1）防守者必须根据球的位置站位于被盯者与本方球门线中点之间的连线上，并根据比赛情况保持与球的适当距离。

（2）防守者在盯人时必须注意力高度集中，能够洞察周围局势，以使提前有准备地干扰被盯者接球或处理脚下球

（3）盯人者通常在固定的被盯者或相对稳定的区域范围活动，为了防止人的丢失，每

一盯人者除了完成自己的任务之外，必须具备补漏意识和能力，以使在同伴失职后仍能保证整体防守的有效性。

（4）盯人者应当具备随机应变能力，当同伴防守吃紧时可见机采用夹击、围抢；当周围有球可断截时，应善于主动出击，各负其责是盯人成功的基本条件，而同伴间灵活，主动积极地协作，更能提高盯人防守的效果。

（5）盯人者在运用抢截技术时，必须谨慎小心，因为一旦失误，往往就会给本队带来以少防多的被动局面，给同伴增加压力，如果抢截失误，该队员应即刻回追。

（6）盯人防守对体力的要求往往很高，盯人者必须根据自己体力状况，采用合理盯人形式，当体力不支时，可适当地减少盯人中的争抢，多用盯堵来达到防守目的。

2.9.4 区域结合盯人防守

区域防守和盯人防守相结合是把两种不同的战术结合在一起运用。在采用这种战术时，球队采用区域防守战术，同时也会安排 3~4 名优秀的防守队员盯防对手最危险的攻击手。如果盯人防守成功，则区域防守的队员可以发动进攻，而对手却没有自由射门的机会。区域防守和盯人防守相结合战术的优点是通过人盯人防守可以阻止对手的自由跑位，仍然能够通过区域防守盯防重点区域。盯人防守看住对手的头球手，区域防守的队员可以创造出 2 对 1 的防守局面。区域防守和盯人防守相结合战术缺点是如果对手采用短传配合的战术，防守 1 号区域的队员不得不上去逼抢，另外两个区域的防守队员同步移动，这样会让后门柱空间非常脆弱，没有人防守门柱。另外，球员们同时争抢一个点会造成区域内的混乱（见图 2-148）。

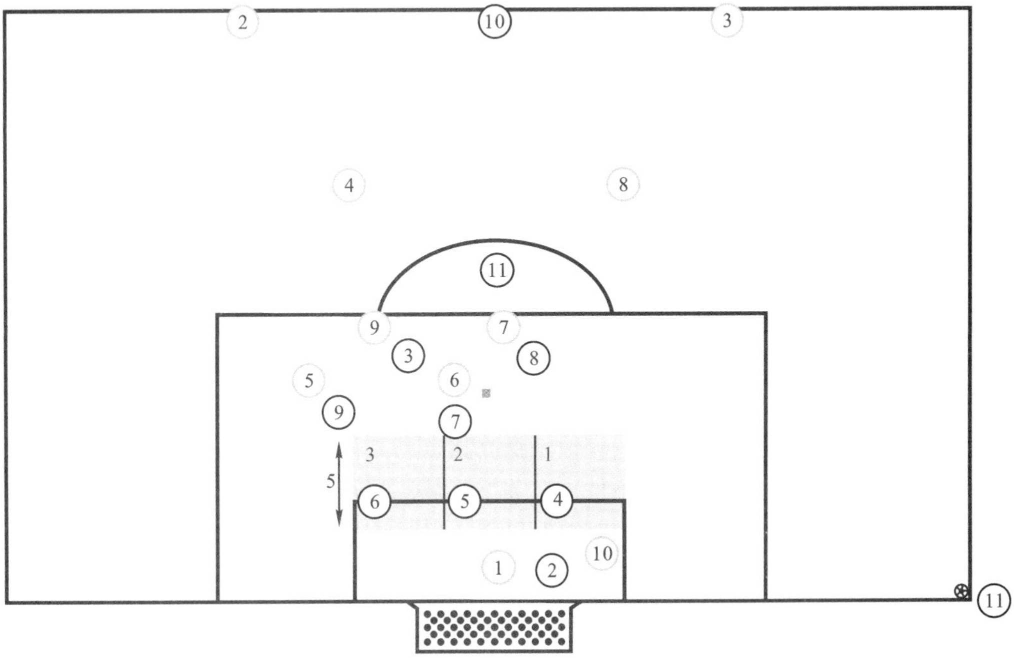

图 2-148

2.9.5 角球防守

角球的防守方法很多，有研究表明，90%的角球是在球门区以及球门区前扇形区域内完成得分的。因此对于角球防守，可以安排在重要的分区域进行区域防守，也可以采用区域防守和人盯人防守相结合，根据不同的情况和战术理念选择不同的防守方式（见图2-149）。

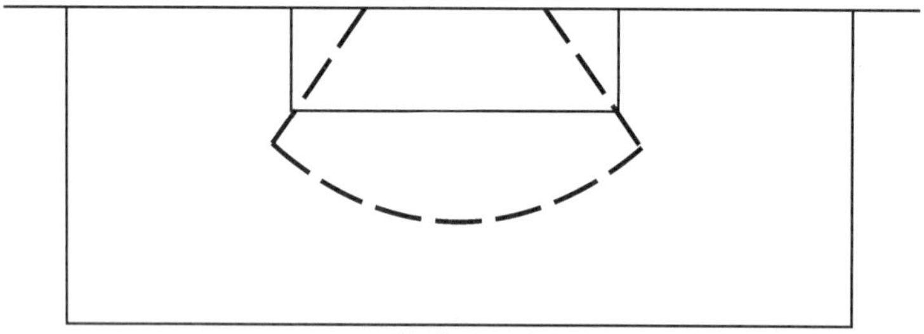

图 2-149

2.9.5.1 区域防守

首先队员应该明确区域划分，明确自己负责的区域，当对方队员或球发展到自己所在的区域时进行防守。一般情况下，区域防守会在前门柱和后门柱分别安排一名球员，中间安排 3 名球员（分别负责前中后 3 个区域），前排安排 3 名球员，禁区内总共 9 个人，加上在外线再安排一个人，总共十个人，当然在中场附近还要安排一个前锋，起到牵制对方进攻人数的作用。

但是区域防守的缺点是当罚角球时进攻队员会全速冲击区域内的防守队员，会让防守队员处于被动状态。因为当对方队员有足够的助跑距离时，他们相比静止在原地更容易跳起争抢落点。

2.9.5.2 区域结合盯人角球防守

目前很多球队都采用人盯人结合区域角球战术布置，其优点是在关键区域用头球最出色的球员解除威胁，以阿森纳球队为例，大卫・路易斯，穆斯塔菲，扎卡都是教练员认定最关键的球员，在争顶头球的时候，具有身高优势，而个子矮小一些的球员比如萨卡，贝莱林，可以更多的应对对手的冲跑，哪怕是身高比自己高很多的球员，其目的是组织对手在助跑过程中提速，为争顶球提供条件。在关键区域，阿森纳因为有区域防守的队员，还有人盯人的队员，很多时候会形成 1 对 2 的局面。但是该战术布置的缺点是：在近门柱或远门柱没有安排球员，没有减小对方射门的角度。局部可能会造成多个队员抢一个点，造成冒顶或是失误，尤其在结合部，在明确职责划分时会出现影响。同时由于球开出后整体阵型会向外走，后点会变得比较薄弱，对于短角球的防守存在漏洞。

以欧罗巴联赛阿森纳对阵奥林匹亚科斯比赛中的角球为例：

阿森纳在区域结合盯人的角球防守过程中由于职责分工不明确，导致对方进球得分。

阿森纳采用的是区域结合盯人的防守方式，重点区域（区域 A）由一字排开的 5 名队员进行区域防守。区域 B 的两名球员则更多的负责外围的二点球或短角球（见图2-150）。

图 2-150

从战术图中可以看出，3 个人负责盯人，其他人全部都是负责区域防守，10 名队员全部回到罚球区内进行防守（见图 2-151）。

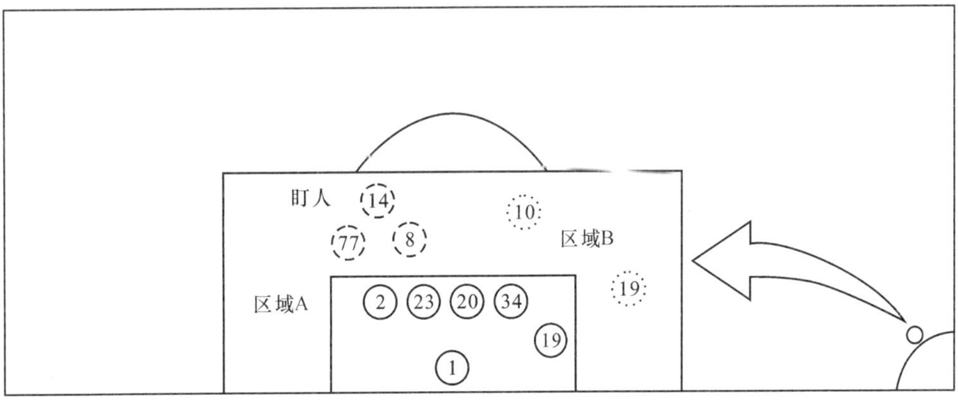

图 2-151

球开出的一瞬间，可以看到奥巴梅扬一个人在防守两名球员，但其实这并不是一个问题，因为在区域结合盯人的角球战术中，教练会更多去布置对重点球员的看防，奥巴梅扬的作用是在队员跑动路线上进行阻挡，防止其加速争顶球（见图 2-152）。

在区域角球的盯防中，被安排在不同区域的球员身前的部分是他负责的区域（见图 2-153）。

但是在这次角球开出以后，塞巴略斯和穆斯塔菲两个人同时争顶球，在这个结合部出

图 2-152

图 2-153

现了失误。塞巴略斯没有顶到球，但他并不是区域负责的球员，穆斯塔菲作为区域负责的关键球员，失去了位置，并且没有争顶到球（见图 2-154）。

再看大卫·路易斯，他负责区域前点的队员失位，那么身前这一块区域就应该由他负责。但是球最后还是被对方送入了大门，因此这是一次失败的角球防守，而穆斯塔菲和大卫·路易斯对这个失球具有较大的责任（见图 2-155）。

2.9.6 任意球防守

对于防守方而言，任意球是本方大门最危险的敌人之一，多变的战术和诡异的球路令防守者在任意球面前十分被动，不过如果布置得当，片刻间的攻防易手也会给被动的一方

图 2-154

图 2-155

带来反击制敌的机会。

在足球运动中，当对方在中后场发任意球时，防守队员需要很好地组织和站位。如果在前场发任意球，则必须要排人墙。排墙队员的人数取决于球所处的位置。在排人墙时，一般第一个队员应站在球与近门柱的连线上，若为防止对方弧线射门，可指定人墙的第二个队员站在此连线上。人墙的第一个队员一般部署个子高的球员，这有助于更好地保护球门近角上端。为了精确地站位，他应与守门员保持联系。每一个排墙队员必须贴紧站立，以防球从人缝中穿过球门。球门近角由“墙”封堵，守门员站在挨门远角并保证能观察到队员及其附近队员的活动。

排墙队员以外其他队员的站位原则：一般是头球好的防守队员盯住对方空中争抢能力

强的队员；中锋盯住对方标上的盯人中卫或拖后中卫；其余队员或者盯住自由进攻者或站在墙的侧后起保护作用；另外派一名速度较快且成熟的队员站在中线附近准备反攻；一旦断下球，应尽发动快速反击。任意球中也包含“点球”，在罚点球时，进攻队员应注意补射，守门员应注意脱手或碰球门反弹后的第二动作，其他防守队员应注意在守门员脱手或从球门柱反弹回来后冲上解围。

以 2018 年欧冠小组赛巴塞罗那对阵国际米兰的比赛为例：巴塞罗那在罚球弧内获得一个任意球机会，由苏亚雷斯主罚（见图 2-156）。

图 2-156

当苏亚雷斯踢球瞬间，防守队员布罗佐维奇提前在人墙后方躺下，阻挡苏亚雷斯踢出的低平球（见图 2-157）。

图 2-157

结果苏亚雷斯真的踢出一记低平球，被躺下的布罗佐维奇挡出，配合队友完成了一次完美的任意球防守（见图 2-158）。

图 2-158

2.9.7 界外球防守

曾经的手抛球在足球竞赛规则中并没有被仔细定义，直到 1883 年规则中才提及手抛球的定义。如今的现代足球中，手抛球成为了定位球的一种方式。由于规则中规定，掷界外球不存在越位，这也提升了防守掷界外球的难度。

在掷球局部要紧逼，特别是有可能接球者，要死盯。对比较危险的地域和有可能出现的空当要重点防守和保护。当对手在前场掷球时，应采取相应的防守对策，派人在掷球者前面影响掷球的远度和准确性，对重点对象要盯紧，选择防守的有利位置。

以英超联赛利物浦对阵阿森纳的比赛为例：

利物浦获得一次边线球机会，此时阿森纳球员采用人盯人的防守战术，限制利物浦队员发出界外球（见图 2-159）。

此时利物浦队员进行交叉换位，尝试制造接球空间，但是阿森纳队员任务分工明确，所以在一顿跑动后，进攻队员并没有找到无人盯防的队友（见图 2-160）。

此时队友找到了正在罚球区内背身对抗防守队员的萨拉赫，掷出界外球。但是萨拉赫身后有人盯防，无法自如的处理球，加上边后卫见状跑向萨拉赫，进行施压，最后萨拉赫只能匆匆将球踢飞（见图 2-161）。

2.9.8 心理素质

有科学研究表明："人在焦急时，体内会分泌出大量压力荷尔蒙，使心跳加快，大脑活动加剧，产生紧张急躁的情绪，从而使运动员的技术动作变形，出现较多失误等。"因此，运动员具备良好的心理素质是其发挥技术水平和实现有效战术的前提和保障。例如，在足球比赛中，不同的观众对场上运动员的每一个动作会有不一样的反应，作为足球运动

图 2-159

图 2-160

员，要承受来自赛场内外各方面的心理压力，在此基础上，发挥自己的技术水平。足球运动员具有良好的心理素质是其技术水平正常发挥甚至是超常发挥的重要保证和前提条件。

心理素质不仅在比赛中影响运动员的水平发挥，在平时训练中，良好的心态也会使训练效果事半功倍。

因此，心理素质不仅是足球运动员实力水平的重要内容，也是运动员实力发挥的基础和保证。心理素质和专业技术水平二者相辅相成，相互促进。

足球运动员首先应对足球运动有正确的认知，包括时间、空间知觉等；同时对足球有一定的判断力。对足球的相关信息拥有正确的认知是对足球运动员最基本的心理素质要求。

情绪是人们对客观事物的主观反映。作为足球运动员，其情绪特点不仅受主观因素影

图 2-161

响，同时受足球运动的特点影响。众所周知，足球运动是一项对抗性强、竞争激烈的体育项目，其项目特点本身就容易造成运动员情绪上出现波动和受其影响。足球运动讲求的是队员之间的配合，战术多变，这就对运动员的注意力水平提出较高要求。足球运动员的注意力必须长时间高度集中，只有这样，才能够及时、准确作出判断和抉择，从而取得好成绩。同时，思维力和注意力相辅相成，足球运动员在赛场上必须保持思维的活跃性，对场上情况有一定的预见性，配合有效的行动。运动员的思维力主要通过其行动外显出来。

自我暗示是指引导足球运动员用自己的思想、语言对自身进行心理调整，从而增强自我调节能力和控制能力的训练方法。如比赛上场前，运动员可以不断对自己说“只重过程，不在乎结果”，排除外在的干扰，全身心地投入比赛，正常发挥，在球场上做最好的自己，完成团队的配合和协作。放下心理包袱和顾虑，往往能够收获意想不到的效果和成绩。

信心是运动员正常发挥能力和水平的重要条件之一。没有信心或信心不足，往往造成运动员出现消极情绪和较低的自我评价，久而久之，会影响其能力的正常发挥。因此，在教学和训练中，教练员应经常通过言语、眼神等对运动员进行鼓励，为他们树立信心，培养他们良好的心理素质。总之，开展针对足球运动员的心理素质训练要与身体素质训练和技术、战术训练一样，自上而下高度重视。对足球运动员的心理素质训练，必须在足球的运动规律、比赛特点等基础上，有针对性地对运动员进行心理训练，从而培养其良好的心理素质，使运动员能够控制和调节自己的情绪和状态，充分发挥自己的足球技能，不断完善、提高自己。

2.10 个人、小组和全队战术

2.10.1 足球战术

战术指为了达到取胜的目的，通过周密的计划将技术和身体能力有机地转化为行动的战略行为。战术可以分为个人战术、小组战术和全队战术。

(1) 个人战术指比赛中球员个体应对各种不同攻守情况的行为。

(2) 小组战术指比赛中各位置间的相互协同的作战方法。

(3) 全队战术指比赛中根据不同位置和场景下球员全体的协作行为。

2.10.2 战术训练指南

训练是为了比赛，因此一切训练都应该从实战出发。足球战术训练场景和强度要与比赛场景或强度相似。在训练过程中应尽可能给球员更多的自主权，减少过于严密或固定死板的训练。在设计训练课时，安排的训练难度要符合球员的需求，过易或过难都不适宜。每堂课应突出统一的目标或理念，并逐步增加难度进行训练。学习过程中通过示范、纠正、提问和讨论与球员交流，尽可能指导广泛的战术知识。

2.10.3 个人进攻战术

个人进攻战术更多的是凭借队员自身的能力完成，因此在训练过程中可以通过移动练习增加队员的跑动，从而增加比赛中个人进攻战术的运用机会。有球队员的移动可以突破对方防线，无球队员的移动则可以吸引防守、打乱对方防守阵型，甚至制造进攻空当。跑动时机非常重要，因此需要队员提前预判球的发展。

个人进攻的最终目的是为了射门得分，因此当个人完成进攻战术准备射门时，应考虑射门距离，注意观察守门员的位置，选择合适的角度，射门准确性要大于力量。队员需要克服恐惧，扩大视野，提高速度，完成高质量的射门。如果遇到对方防守坚固，没有传球线路时，队员需要进行运球突破，并利用防守者上抢的空当进行传球或下一步处理，无论如何，1v1 的突破都达到了吸引防守者的目的。当同伴在远处时，可以通过运球寻找准确的传球时机，避免造成队友的越位，也可以通过运球摆脱对方强力压迫盯防。

以英超联赛第 16 轮热刺对阵伯恩利的比赛中，孙兴慜上演了精彩的个人进攻为例：

由于伯恩利队员发出任意球接球队员出现失误，将球弹到了孙兴慜的脚下（见图 2-162）。

图 2-162

孙兴慜转身稍作观察后，决定带球突破。他首先吸引了两名前场球员的防守，同时有另外两名队员迅速回防（见图 2–163）。

图 2–163

孙兴慜稍作变向，晃过了上前防守的中卫队员，继续突进（见图 2–164）。

图 2–164

当球越过中圈弧附近时，后卫队员上抢，再次被晃过（见图 2–165）。

孙兴慜将球带入罚球区完成射门得分，防守队员只能望球兴叹（见图 2–166）。

图 2-165

图 2-166

2.10.4 个人防守战术

个人防守战术是指为了控制对手所采用的个人战术行动，个人战术行动体现着整体战术的特征。个人战术行动是整体战术的基础，个人战术包括选位、盯人、断球、抢球、封堵等。

防守队员的职责是阻止对方队员完成进攻，当对方向本方推进时，选择封堵向内传球或带球路线，让进攻队员远离本方球门，尽量向边路区域逼赶。防守队员首先根据场上局势判断抢断球的时机，当对方接球、传球的瞬间，或是成功形成压迫时，都是队员完成抢断球的最佳时机。如果时机不够好，则应该采取延缓进攻的方式，防守队员应该尽快的压缩空间，如果距离对方过远，对手就有充足的时间和空间抬头观察做出下一步选择，因此防守队员应该尽量保持 1~2 步的距离，迫使对方保护脚下的球，让对手不能提起速度，为队友的回防争取时间，然后切断其向前传球的路线，并对持球队员进行紧逼封堵，切断其对中锋的传球也是延缓进攻的有效防守行为。

渗透性传球的出现往往是因为队员之间跑位出现了缝隙，是防守队员最不想看到的。队员可以提前预判，警惕纵向传球，选择封堵传球路线的位置，时刻盯防移动的进攻队员，这样即使渗透性传球出现，也能够第一时间拦截。

如果对方完成射门，球门周围的任何队员都有进行球门防守的责任，在球和球门的一条直线上切断或封堵进攻者的射门。

以英超联赛利物浦对阵热刺的比赛中利物浦后卫范戴克的一次个人防守为例：

热刺后场抢断后迅速由攻转守，一个长传球直接将球传到前锋孙兴慜身前，此时西索科准备插上，由于利物浦全员压上，只有范戴克一名队员进行防守，形成了 2 打 1 的局面。范戴克在失球的瞬间迅速回撤，首先延缓即将拿球的孙兴慜，由于西索科一侧没有队员防守，出于压迫和唯一的进攻传球路线考虑，孙兴慜直接将球敲给了西索科（见图 2-167）。

图 2-167

此时西索科拿到球准备向前推进，后卫范戴克为了延缓西索科带球起速，立刻向西索科带球的方向进行压迫，并且时刻观察孙兴慜的位置，确保他与两名进攻队员形成一个三角形的站位，防止孙兴慜插上西索科斜传。范戴克此时的目的是延缓西索科的带球推进并切断给孙兴慜的传球线路，为队友的回防争取时间（见图 2–168）。

图 2–168

西索科将球带到球门区前，此时已经到达可以射门的危险区域，范戴克观察到队友已经积极回防，在他身后的孙兴慜即将有人盯防，于是放弃封堵西索科与孙兴慜的传球路线，而是上前压迫西索科，并且封堵西索科的射门路线（见图 2–169）。

图 2–169

在范戴克的努力下，遏制了一次具有人数优势的进攻，在球门区内挡出了西索科的射门（见图 2–170）。

图 2-170

2.10.5 小组进攻战术

小组进攻战术是指几名队员通过跑动和传球的方式完成进攻配合的战术行为。

小组进攻战术种类繁多，比较常见的有传球连接、两侧转移、墙式配合、后套配合、传中配合、两侧转移和反越位等。

（1）传球连接指队员通过 5~15m 的传球，进行墙式 2 打 1 的战术配合或 2~3 人传接配合。

（2）两侧转移指通过诱骗防守压迫的移动，及时转移方向到异侧来削弱防守力度。

（3）反越位指越过防守队员的传球和后套配合完成进攻后通过运球突破、传切时机和后排队员插上。

（4）渗透性传球指无球队员选择插向对方身后空当或插向防守人之间的空当时有球队员向队员的脚下或对方身后的传球。

（5）传中配合指选择合适的传球距离和角度完成躲避守门员出击的传中，可以协助队友更好的完成进攻，或者通过短传和长传的连接，选择合适的传中目标形成队友的射门机会。

（6）后套配合指在进攻队员带球时，队友从后向前插上，进行传接配合，形成进攻人数优势的局面，这一进攻配合应尽快结束射门，防止对方发起反击。

以欧冠联赛曼联对阵巴黎圣日耳曼比赛中曼联的一次小组进攻为例：

阿什利昂接到队友的长传球后稍作调整，首先传给了前侧的队友拉什福德，由于对方的围堵压迫，拉什福德将球又传回给了阿什利昂，同时他观察到从后场插上的队友埃雷拉。此时的埃雷拉无人盯防，于是阿什利昂将球传到他脚下（见图 2-171）。

图 2-171

埃雷拉拿到球后，吸引了对方防守队员，留出了阿什利昂的接球空间，此时林加德向前跑动要球，并将球直接敲给了阿什利昂，完成了一次传球连接（见图 2-172）。

图 2-172

阿什利昂拿到球后迅速将球传递给身旁的拉什福德，并且从拉什福德身后跑向边路区域，完成了一次后套，拉什福德则将球传给了林加德（见图 2-173）。

林加德将球传给了后套插上的阿什利昂，阿什利昂向前尝试突破后，转身将球传给了拉什福德（见图 2-174）。

拉什福德向底线突破，最后完成了传中射门，形成了一次成功的进攻机会（见图 2-175）。

图 2-173

图 2-174

2.10.6 小组防守战术

小组防守战术指的是同队多名队员对进攻队员进行防守的战术行为。

压迫对方持球人，上前施压保护同伴，盯防对方无球接应人，这 3 种行为是小组防守中最常见的形式。

小组防守战术有明确的分工，防守队员往往整体随着球的移动而移动，在适当时机，就近的防守队员应该压迫持球人的基本身体位置和形态，夺取球权或者逼迫对方转移球，并注意移动的时机和封堵的角度。

图 2-175

当进攻队员脱离可能得分的位置时，球队则应转换为区域防守。

区域防守指对区域统一的压迫和对无球人的持续压迫。

如果球在中前场发展，队员可以采用阶梯式防守，主动夺回球权，这往往需要队友配合，通过前堵后夹侧围夺取球权，如果前场夺取球权失败，应该适当回抢，防守任务逐渐过渡到后卫身上。

利用规则也是最为有效的防守方法，当防守线接近中线附近时，可以通过队员的上压，控制越位线，让对手无法通过长传球发起进攻，极大降低了进攻的速率。

以 2019—2020 欧冠半决赛巴塞罗那对阵利物浦的比赛为例：

巴塞罗那获得球权从后场发起进攻，此时利物浦队员全员回防（见图 2-176）。

图 2-176

利物浦中后卫在回防过程中观察到边路插上的对方球员选择停止跑动，以制造越位陷阱，巴塞罗那队员观察到这个情况，无法选择传球，只能继续突破（见图 2-177）。

图 2-177

此时利物浦中后卫指挥边后卫去盯防插上的边路进攻队员，右侧的防守队员则负责延缓持球队员，将其向边路驱赶（见图 2-178）。

图 2-178

此时靠近进攻队员的两名防守队员则负责延缓巴塞罗那队员的进攻，并尝试夹抢，中后卫则负责深度支援，保护队友身后的空间，远侧的边后卫负责盯防进攻的边路球员，确保防守阵型的平衡，至此，利物浦的阵地防守阵型基本形成（见图 2-179）。

此时梅西将球传向中路，进攻队员面对 3 名防守队员的收缩防守无法完成突破，只能

图 2-179

将球挑起，传给边路的梅西，由梅西突破（见图 2-180）。

图 2-180

梅西将球长传转移至另一侧边路，利物浦队的防守阵型集体向底线收缩，靠近有球一侧的边后卫则向前压迫即将拿球的边锋，其余两名边后卫则负责保护他身后的空间，盯防球门区内的另一名队员，剩下的队员则负责球门区内的防守阵型的平衡（见图 2-181）。

巴塞罗那在边路完成了一次后套配合，下底传中（见图 2-182）。

利物浦边后卫紧逼进攻队员，在底线形成了 2 对 1 的围堵（见图 2-183）。

虽然巴塞罗那队员面对围堵还是在底线完成了回传，但是插上的防守队员对即将完成射门的库蒂尼奥进行了封堵，最后将球抢下来进行解围，完成了小组防守（见图 2-184）。

图 2-181

图 2-182

2.10.7 进攻战术训练思路

进攻战术以拉开进攻宽度和深度，通过主动灵活的方式创造得分条件为原则。因此在训练时，也应该遵循以上原则。进攻战术训练思路可以根据不同的进攻打法区别训练。

比如摆脱对手盯防的进攻方法，应该在训练中强调传球和个人的突破。而快速进攻方法则更注重对方身后的进攻空间，通过无球队员的跑动和长传冲吊达到进攻目的。对于定位球来说，向对方球门适宜的传中球也需要在训练中多加练习。

进攻和防守思路是不分家的，知己知彼，百战不殆，只有了解对盯人防守和区域防守的进攻，并且培养队员球门前预判防守移动的能力，才能摆脱防守者的压迫，在实战中更好的完成进攻。

图 2-183

图 2-184

另外，队员一定要加强射门练习，以确保传球和射门的角度。并且队员还要明确进攻时支援的方法，比如出现反击机会时，如何跑位能够吸引防守为其他队友的进攻提供条件。

2.10.8 防守战术训练思路

足球防守的战术主要外在表现是通过队员在时间、空间上进行准确的判断以及实施的过程。在时间角度主要表现的是动不动、何时动、动的速率等；在空间上表现为动作的动作方向、角度和幅度等。比赛实践证明，熟练而巧妙地运用全队能力是夺取胜利的重要因素，而全队能力是个人能力的总和。因此，个人足球防守战术的训练是足球比赛中防守战术的基础，而集体配合防守是足球战术防守的关键部分，也就是说运动员之间的相互配合和良好的心理素质是防守系统的一个重要部分，它是在防守的战术训练过程中我们需要掌握的一项重点，它能帮助运动员形成一个统一的、相互关联的防守体系。

进攻战术训练可以指导队员明确以下思路：

（1）防守队员的目的是组织进攻队员继续推进和完成传球射门，因此站在进攻队员和球门中间是最好的防守位置；

（2）了解延缓进攻方法，明确什么时候进行压迫以减小对手传球和射门的角度，什么时候必须保持距离以等待队友支援；

（3）教练员应培养队员在球门前的预判能力，在球门前应尽快将球解围，多一次触球就多了一次被抢断的风险；

（4）队员应该明确盯人防守和区域防守的战术应用，支援队友和压迫进攻队员的方法。

最后，全队上下应该统一面对反击时的责任分工，并且在实践中能够集中注意力，一旦出现反击情况，立刻进行防守。

2.10.9 全队战术

全队战术是比赛中根据不同对手、不同队员、不同位置、不同场景、不同局势变化下队员的协调配合。全队战术的制定可以根据阵型排列和位置分工（基本、进攻、防守）。

根据比赛的进攻时刻：快速进攻、由守转攻（反击）、逐步推进、长传冲吊、中路、边路进攻和防守时刻（压迫、收缩密集、人盯人、区域、混合）以及定位球攻防（角球、任意球、掷界外球等）提前进行演练，在具体实战中进行灵活变化。

以 2018 年俄罗斯世界杯的一场比赛为例：

两队分别呈现出全队战术在进攻和防守的不同表现形式，如图 2-185 及图 2-186 所示。

图 2-185

图 2-186

3 基于深度学习与双目视觉的训练方法

足球运动是现代最受欢迎的运动之一，是全球体育界最具影响力的体育运动，被誉为“世界第一运动”。足球运动的魅力让人们对足球的热情日益高涨，足球产业也越来越繁荣。2018 年俄罗斯世界杯总观看人数超 35.7 亿人，决赛观看人数超过了 11.2 亿人，这是其他任何单项运动赛事都比不上的。足球产业的发展可以带来良好的经济效益和社会效益，同时，足球运动对人们的身体及心理健康有很大好处。在一些国家，体育产业已经成为其国民经济建设的重要产业。因此，世界各国对于竞技体育越来越重视，投入了大量的人力、财力、物力以及技术力量，不断研究和探索运动训练新的理论和方法，以期提高运动成绩。当前，世界各国对竞技体育越来越重视，在我国“十四五”规划中，也明确提出关于建设体育强国的目标。同时，我国体育产业总规模与市场规模连年增长，如果能将高新技术与体育训练结合起来，可以降低受伤风险，提高运动员成绩，同时还可以给体育爱好者提供更多的运动方式，扩大体育消费市场。

传统的足球训练，主要在实地实景下进行，但在训练中出现的问题及场景无法完全恢复，这就导致球员无法准确地、连贯地了解自身的问题，从而造成在训练和比赛中球员无法完全按照教练员意图进行战术实施的情况，这会影响训练水平和比赛成绩。在观看录像和集锦对比赛进行分析时，可以了解球员在某种特定的场景下处理球的方式，但无法实现动作重演和展现。因此，需要建立一种可以自定义场景，能够进行针对性训练、重复性训练的足球训练系统，以充分体现比赛场景、球员表现等因素。

3.1 深度学习简介

深度学习（DL，Deep Learning）是机器学习（ML，Machine Learning）领域中一个新的研究方向，它被引入机器学习使其更接近于最初的目标——人工智能（AI，Artificial Intelligence）。

深度学习是学习样本数据的内在规律和表示层次，学习过程中获得的信息对文字、图像和声音等数据的解释有很大的帮助。它的最终目标是让机器能够像人一样具有分析学习的能力，能够识别文字、图像和声音等数据。深度学习是一个复杂的机器学习算法，在语音和图像识别方面取得的效果远远超过先前相关技术。

深度学习在搜索技术、数据挖掘、机器学习、机器翻译、自然语言处理、多媒体学习、语音、推荐和个性化技术及其他相关领域都取得了很多成果。深度学习使机器模仿、视听和思考人类的活动，解决了很多复杂的模式识别难题，使得人工智能相关技术取得了很大进步。

深度学习是一类模式分析方法的统称，就具体研究内容而言，主要涉及 3 类方法：

（1）基于卷积运算的神经网络系统，即卷积神经网络（CNN，Convolutional Neural Network）。

（2）基于多层神经元的自编码神经网络，包括自编码（auto encoder）以及近年来受到广泛关注的稀疏编码两类（sparse coding）。

（3）以多层自编码神经网络的方式进行预训练，进而结合鉴别信息进一步优化神经网络权值的深度置信网络（DBN，Deep Belief Network）。

通过多层处理，逐渐将初始的“低层”特征表示转化为“高层”特征表示后，用“简单模型”即可完成复杂的分类等学习任务。由此可将深度学习理解为进行“特征学习”（feature learning）或“表示学习”（representation learning）。

以往在机器学习用于现实任务时，描述样本的特征通常需由人类专家来设计，这成为“特征工程”（feature engineering）。众所周知，特征的好坏对泛化性能有至关重要的影响，人类专家设计出好特征也并非易事；特征学习（表征学习）则通过机器学习技术自身来产生好特征，这使机器学习向“全自动数据分析”又前进了一步。

近年来，研究人员逐渐将这几类方法结合起来，如对已有监督学习为基础的卷积神经网络结合自编码神经网络进行无监督的预训练，进而利用鉴别信息微调网络参数形成的卷积深度置信网络。与传统的学习方法相比，深度学习方法预设了更多的模型参数，因此模型训练难度更大。

二十世纪八九十年代由于计算机计算能力有限和相关技术的限制，可用于分析的数据量太小，深度学习在模式分析中并没有表现出优异的识别性能。自从 2006 年，Hinton 等提出快速计算受限玻耳兹曼机（RBM）网络权值及偏差的 CD-K 算法以后，RBM 就成了增加神经网络深度的有力工具，导致后面使用广泛的 DBN（由 Hinton 等开发并已被微软等公司用于语音识别中）等深度网络的出现。与此同时，稀疏编码等由于能自动从数据中提取特征也被应用于深度学习中。基于局部数据区域的卷积神经网络方法近年来也被大量研究。

深度学习是机器学习的一种，而机器学习是实现人工智能的必经路径。深度学习的概念源于人工神经网络的研究，含多个隐藏层的多层感知器就是一种深度学习结构。深度学习通过组合低层特征形成更加抽象的高层表示属性类别或特征，以发现数据的分布式特征表示。研究深度学习的动机在于建立模拟人脑进行分析学习的神经网络，它模仿人脑的机制来解释数据，例如图像、声音和文本等。

典型的深度学习模型有卷积神经网络（CNN）、深度置信网络（DBN）和堆栈自编码网络（stacked auto-encoder network）模型等，下面对这些模型进行描述。

（1）卷积神经网络模型。在无监督预训练出现之前，训练深度神经网络通常非常困难，而其中一个特例是卷积神经网络。卷积神经网络受视觉系统的结构启发而产生。第一个卷积神经网络计算模型是在 Fukushima 的神经认知机中提出的，基于神经元之间的局部连接和分层组织图像转换，将有相同参数的神经元应用于前一层神经网络的不同位置，得到一种平移不变神经网络结构形式。后来，Le Cun 等在该思想的基础上，用误差梯度设计并训练卷积神经网络，在一些模式识别任务上得到优越的性能。至今，基于卷积神经网络的模式识别系统是最好的实现系统之一，尤其在手写体字符识别任务上表现出非凡的性能。

（2）深度置信网络模型。DBN 可以解释为贝叶斯概率生成模型，由多层随机隐变量组成，上面的两层具有无向对称连接，下面的层得到来自上一层的自顶向下的有向连接，最底层单元的状态为可见输入数据向量。DBN 由若干 2F 结构单元堆栈组成，结构单元通常为受限玻耳兹曼机（RBM，RestIlcted Boltzmann Machine）。堆栈中每个 RBM 单元的可视层神经元数量等于前一 RBM 单元的隐层神经元数量。根据深度学习机制，采用输入样例训练第一层 RBM 单元，并利用其输出训练第二层 RBM 模型，将 RBM 模型进行堆栈通过增加层来改善模型性能。在无监督预训练过程中，DBN 编码输入到顶层 RBM 后，解码顶层的状态到最底层的单元，实现输入的重构。RBM 作为 DBN 的结构单元，与每一层 DBN 共享参数。

（3）堆栈自编码网络模型。堆栈自编码网络的结构与 DBN 类似，由若干结构单元堆栈组成，不同之处在于其结构单元为自编码模型（auto-en-coder）而不是 RBM。自编码模型是一个两层的神经网络，第一层称为编码层，第二层称为解码层。

3.2 深度学习训练过程

2006 年，Hinton 提出了在非监督数据上建立多层神经网络的一个有效方法，具体分为两步：（1）逐层构建单层神经元，这样每次都是训练一个单层网络；（2）当所有层训练完后，使用 wake-sleep 算法进行调优。

将最顶层之外的其他层间的权重变为双向的，这样最顶层仍然是一个单层神经网络，而其他层则变为了图模型。向上的权重用于“认知”，向下的权重用于“生成”。然后使用 wake-sleep 算法调整所有的权重。让认知和生成达成一致，也就是保证生成的最顶层表示能够尽可能正确地复原底层的节点。比如顶层的一个节点表示人脸，那么所有人脸的图像应该激活这个节点，并且这个结果向下生成的图像应该能够表现为一个大概的人脸图像。wake-sleep 算法分为醒（wake）和睡（sleep）两个部分。

wake 阶段：认知过程，通过外界的特征和向上的权重产生每一层的抽象表示，并且使用梯度下降修改层间的下行权重。

sleep 阶段：生成过程，通过顶层表示和向下权重，生成底层的状态，同时修改层间向上的权重。

自下上升的非监督学习就是从底层开始，一层一层地往顶层训练。采用无标定数据（有标定数据也可）分层训练各层参数，这一步可以看作是一个无监督训练过程，这也是和传统神经网络区别最大的部分，同时也可以看作是特征学习过程。具体的，先用无标定数据训练第一层，训练时先学习第一层的参数，这层可以看作是得到一个使得输出和输入差别最小的三层神经网络的隐层，由于模型容量的限制以及稀疏性约束，使得到的模型能够学习到数据本身的结构，从而得到比输入更具有表示能力的特征；在学习得到 $n-1$ 层后，将 $n-1$ 层的输出作为第 n 层的输入，训练第 n 层，由此分别得到各层的参数。

自顶向下的监督学习就是通过带标签的数据去训练，误差自顶向下传输，对网络进行微调。基于第一步得到的各层参数进一步优调整个多层模型的参数，这一步是一个有监督训练过程。第一步类似神经网络的随机初始化初值过程，由于第一步不是随机初始化，而是通过学习输入数据的结构得到的，因而这个初值更接近全局最优，从而能够取得更好的效果。所以深度学习的良好效果在很大程度上归功于第一步的特征学习的过程。

3.3 深度学习的应用

（1）计算机视觉。香港中文大学的多媒体实验室是最早应用深度学习进行计算机视觉研究的华人团队。在世界级人工智能竞赛 LFW（大规模人脸识别竞赛）上，该实验室曾力压 FaceBook 夺得冠军，使得人工智能在该领域的识别能力首次超越真人。

（2）语音识别。微软研究人员通过与 hinton 合作，首先将 RBM 和 DBN 引入到语音识别声学模型训练中，并且在大词汇量语音识别系统中获得巨大成功，使得语音识别的错误率相对降低 30%。但是，DNN 还没有有效的并行快速算法，很多研究机构都是利用大规模数据语料通过 GPU 平台提高 DNN 声学模型的训练效率。

在国际上，IBM、Google 等公司都快速进行了 DNN 语音识别的研究，并且进展迅速。国内方面，阿里巴巴、科大讯飞、百度、中科院自动化所等公司或研究单位也在进行深度学习在语音识别上的研究。

（3）自然语言处理等其他领域。很多机构在开展自然语言处理等其他领域的研究。2013 年，Tomas Mikolov、Kai Chen、Greg Corrado、Jeffrey Dean 发表论文“Efficient Estimation of Word Representations in Vector Space”建立 word2vector 模型，与传统的词袋模型（bag of words）相比，word2vector 能够更好地表达语法信息。深度学习在自然语言处理等领域主要应用于机器翻译以及语义挖掘等方面。

3.4 深度卷积网络

卷积网络（convolutional network）（Le Cun，1989），也叫做卷积神经网络，是一种专门用来处理具有类似网格结构的数据的神经网络。例如时间序列数据（可以认为是在时间轴上有规律地采样形成的一维网格）和图像数据（可以看作是二维的像素网格）。卷积网络在诸多应用领域都表现优异。“卷积神经网络”一词表明该网络使用了卷积（convolution）这种数学运算。卷积是一种特殊的线性运算。卷积网络是指那些至少在网络的一层中使用卷积运算来替代一般的矩阵乘法运算的神经网络。

在通常形式中，卷积是对两个实变函数的一种数学运算。为了给出卷积的定义，我们从两个可能会用到的函数出发。假设我们正在用激光传感器追踪一艘宇宙飞船的位置。我们的激光传感器给出一个单独的输出 $x(t)$，表示宇宙飞船在时刻 t 的位置。x 和 t 都是实值的，这意味着我们可以在任意时刻从传感器中读出飞船的位置。现在假设我们的传感器受到一定程度的噪声干扰。为了得到飞船位置的低噪声估计，我们对得到的测量结果进行平均。显然，时间上越近的测量结果越相关，所以我们采用一种加权平均的方法对最近的测量结果赋予更高的权重。这时可以采用一个加权函数 $w(a)$ 来实现，其中 a 表示测量结果距当前时刻的时间间隔。如果我们对任意时刻都采用这种加权平均的操作，就得到了一个新的对于飞船位置的平滑估计函数 s：

$$s(t)=\int x(a)w(t-a)\mathrm{d}a \tag{3-1}$$

这种运算就叫做卷积。卷积运算通常用 * 表示：

$$s(t) = (x * w)(t) \tag{3-2}$$

图 3-1 演示了一个在二维张量上的卷积运算的例子。

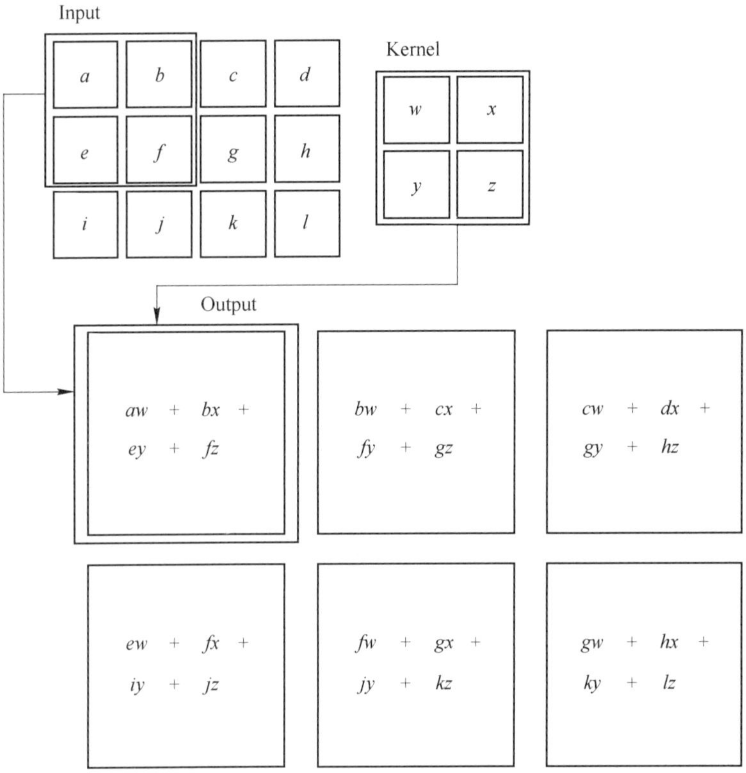

图 3-1　二维卷积

离散卷积可以看作矩阵的乘法，然而，这个矩阵的一些元素被限制为必须和另外一些元素相等。例如对于单变量的离散卷积，矩阵每一行中的元素都与上一行对应位置平移一个单位的元素相同。

训练所使用的目标检测模型主要包括卷积层（convolution layer）、批量归一化层（batch normalization）、激活层、池化层、上采样层（upsampling）与融合层（concatenate）。

3.4.1　卷积层

卷积层由若干卷积核组成，每个卷积核的参数通过反向传播算法寻优获得。卷积层是卷积神经网络的基础，也是其重要组成部分。卷积层的实现过程为：使用滤波器与输入特征图进行卷积运算来提取特征，经过激活函数反向传播映射回到卷积层。其中，滤波器可以理解为由多个卷积核所构成的三维矩阵，用来提取 RGB 三通道图像中的多维信息。浅层的卷积层可以提取直线、形状等轮廓信息，随着卷积层深度加深，滤波器提取的特征也越来越复杂。卷积层中参数传播的计算过程如式（3-3）所示：

$$x_j^l = f\left(\sum_{i \in M_j} x_i^{l-1} \cdot k_{ij}^l + b_j^l\right) \tag{3-3}$$

式中，x_j^l 为第 l 层卷积层下第 j 个特征的映射；f 为激活函数；M_j 为输入的矩阵；k_{ij}^l 为第 l-1 层的第 i 个数据与第 l 层中第 j 个数据的卷积核；b_j^l 为第 l 层中第 j 个数据的偏移量。

卷积层的计算过程如图 3-2 所示。输入为原始图片或者是上一卷积层输出的特征图，输出为原图或特征图经过本卷积层后计算所得到的新的特征图。根据离散卷积的定义，首先将原始卷积核旋转 180°后获得新的卷积核，之后使用该卷积核与输入矩阵对应位置进行相乘相加后计算得到相应的值。其中，卷积核按照一定的步长进行移动，移动的方向由左至右由上至下，直到卷积操作完全结束。

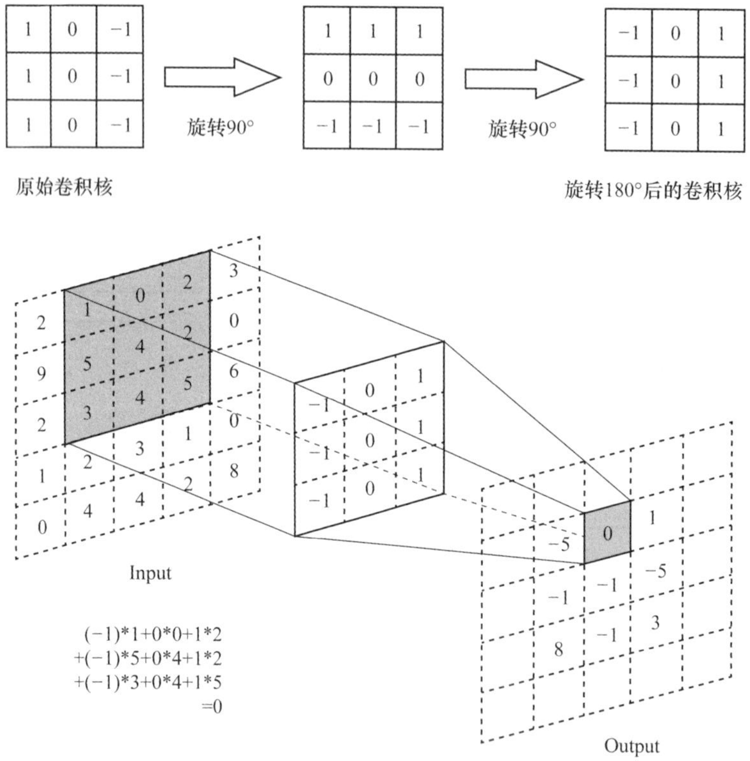

图 3-2　卷积层计算过程

3.4.2　批量归一化层

批量归一化标准分布图如图 3-3 所示。

深度神经网络的前几层参数发生微小变化时，后几层参数的变化就会被累积放大。如果网络某一层输入数据的分布发生改变，这一层网络就需要重新学习来适应这个新的数据分布。在网络训练的过程中，训练数据的分布一直在发生变化，这会影响网络的训练速度。批量归一化层使用规范化的方法，把神经网络中每一层任意神经元的输入值的分布，变换成均值为 0，方差为 1 的标准分布。

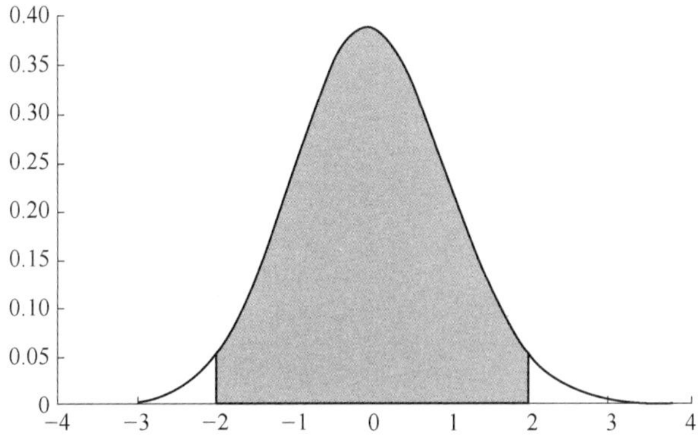

图 3-3 批量归一化标准分布图

通过归一化处理后，输入值会落在激活函数对输入比较敏感的区域，从而使梯度变大，避免梯度消失现象。使用批量归一化层的优势包括加快网络收敛速度，提高训练速度；控制过拟合现象；提升网络对初始化权重的敏感度，提高网络泛化能力；允许使用较大的学习率。批量归一化计算公式如式（3-4）所示：

$$\hat{x}^{(k)}=\frac{x^{(k)}-E(x^{(k)})}{\sqrt{D(x^{(k)})}} \tag{3-4}$$

式中，$\hat{x}^{(k)}$ 为样本估计值；$x^{(k)}$ 为样本的输入；$E(x^{(k)})$ 为样本的期望值；$D(x^{(k)})$ 为样本的方差。

3.4.3 激活层

激活层的功能是将卷积层提取的特征信息进行激活，将表达力不够的线性变化关系转变为非线性变化关系。常用的激活函数有 Sigmoid 函数、tanh 函数、ReLU 函数和 Leaky ReLU 函数。图 3-4 展示了这四个激活函数。

其中，Sigmoid 函数存在梯度消失和梯度爆炸的现象，除此之外还存在函数输出均值不为 0 的情况，目前使用率已经不高。使用 tanh 函数能解决 Sigmoid 函数输出均值不为 0 的问题，但其涉及到幂运算，导致运算较慢。由于 tanh 函数中存在 Sigmoid 函数，所以它仍存在梯度消失现象。ReLU 函数解决了梯度消失和梯度爆炸的问题，它计算简单且速度快。但是当学习率设置较大时，可能会出现某些神经元不被激活的情况。Leaky ReLU 函数通过在负半区引入较小的斜率使得所有神经元都能够被激活。因此，目标检测模型中的激活函数为 Leaky ReLU 函数。

3.4.4 池化层

池化层也叫作下采样层，在卷积神经网络中，通常位于卷积层后。使用池化层可以将输入的特征图进行压缩，压缩过程包括压缩图像大小与压缩图像特征。压缩图像大小可以简化神经网络计算的复杂度，压缩图像特征的目的是提取特征图中的主要特征，具体来说，就是把输入特征图中某一邻域内的多个像素特征集中到一个像素点上。池化层的传播

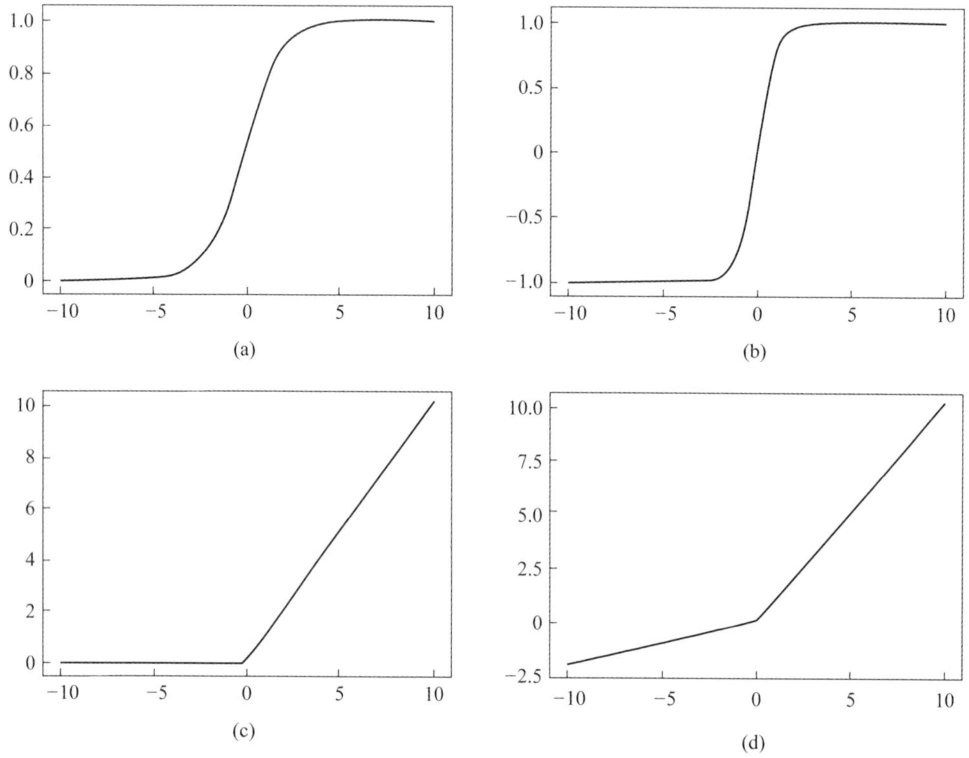

图 3-4 常用激活函数

（a）Sigmoid 函数；（b）tanh 函数；（c）ReLU 函数；（d）Leaky ReLU 函数

通过对输入进行特征加权，再增加偏移量，经过非线性函数激活来实现。池化层参数的传播方式如式（3-5）所示：

$$x_j^l = f(\boldsymbol{\beta}_j^l \mathrm{down}(\boldsymbol{x}_i^{l-1} + \boldsymbol{b}_j^l)) \tag{3-5}$$

式中，$\boldsymbol{x}_j^l$ 为第 l 层池化层中第 j 个特征的映射；f 为非线性函数；$\boldsymbol{\beta}_j^l$ 为第 l 层池化的池化权重；down 为下采样函数；$\boldsymbol{b}_j^l$ 为第 l 层池化的偏移量。常用的池化操作为平均池化与最大池化。池化操作计算方法如图 3-5 所示。

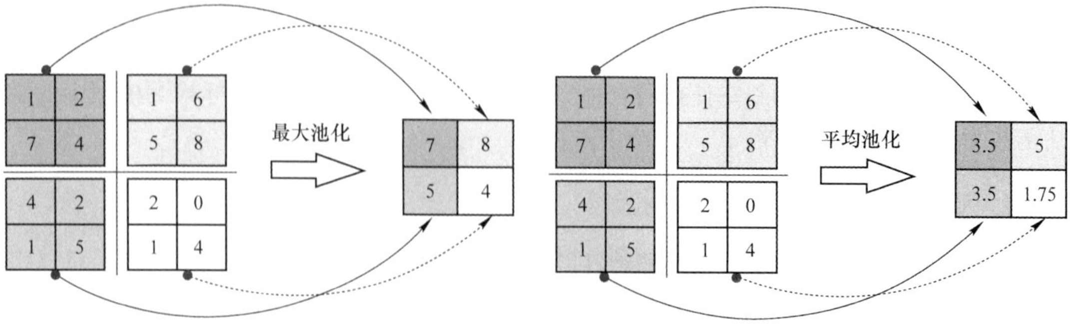

图 3-5 池化操作的计算过程

最大池化选取滑动窗口内最大的值作为新的权值，平均池化将滑动窗口内所有数值求均值作为新的权值。池化操作的计算窗口也依据一定的步长，从左至右，从上至下滑动，直到池化操作结束。实际使用中，最大池化的性能优于平均池化，因此本方法所建立的目标检测模型使用最大池化操作来实现特征图降维与特征压缩。

3.4.5 上采样层

上采样层的作用是放大原图像，即提高原图像的分辨率。针对图像的上采样操作主要使用内插值方法实现，即在原有图像像素的基础上，在像素点之间采用合适的插值算法插入新的值。常见的图像插值算法包括最近邻插值法、双线性插值法与三线性插值法。最近邻插值法原理图如图 3-6 所示，假设原图大小为 4×4，首先将原图扩展为 8×8 大小，此时会出现待插值的像素点，图中用黑色部分表示。计算每一个待插值点距离最近的像素点的值，将该值作为待插值点的值，就可实现最近邻插值。最近邻插值法计算速度最快，但会产生马赛克现象。双线性插值法将采样点周围四个相邻像素点的值，在两个方向上进行线性插值计算，得到采样点的灰度值，该方法不会产生马赛克现象。三线性插值法将四个相邻点的值，以及相邻点间值的变化率作为变量，计算采样点的值。三线性插值法效果强于双线性插值法。由于本实验所使用模型计算量大，因此上采样层采用最近临插值法实现。

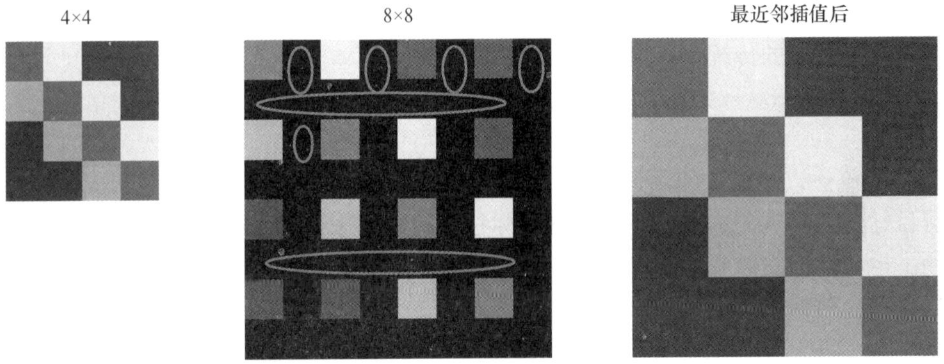

图 3-6 最近邻插值法原理图

3.4.6 融合层

融合层合并前面若干层的输出作为一个新层，其原理相当于一个复制操作。融合层也称作 route layer，其作用是将几个层的输出转接到一起作为本层的输出。融合层的实现原理如图 3-7 所示，图中 A1 代表某一样本在 A 层的特征，B1 代表该样本在 B 层的特征，融合层将同一样本在不同层提取的特征合并作为输出。融合层要求用于合并的输入特征图的宽度与高度必须相等，通过合并操作来实现特征图通道数的增加。例如输入层 A 为 26×26×256 的特征图，输入层 B 为 26×26×128 的特征图，则经过融合层后输出为 26×26×384 的特征图。

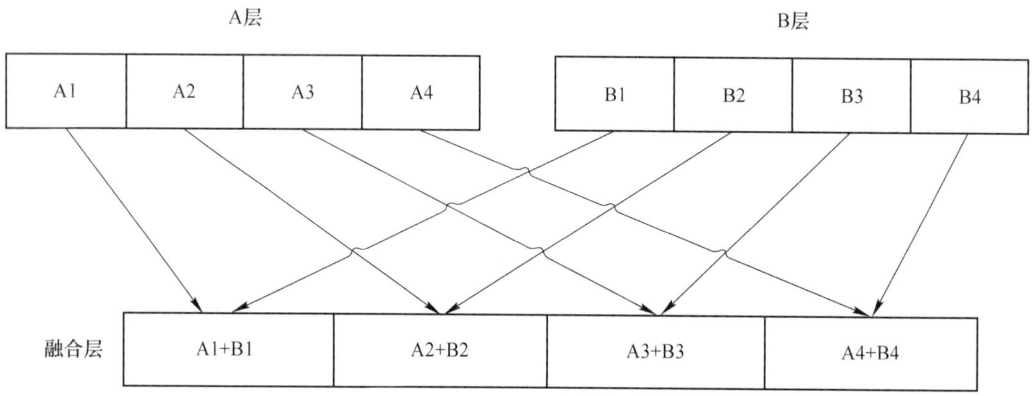

图 3-7　融合层原理

3.5　目标检测算法

目标检测算法可以分为两类，包括基于机器学习的传统目标检测算法和基于深度学习的目标检测算法。

3.5.1　基于机器学习的传统目标检测算法

基于机器学习的传统目标检测算法包括光流法、帧差法、背景差分法、SIFT 算法、基于 Haar-like 与 AdaBoost 的结合检测算法和基于 HOG 与支持向量机（SVM）的结合检测算法等。

（1）光流法。光流法使用运动信息来检测目标，该方法定义了一个观测成像平面，把待检测目标映射到观测成像平面，检测目标移动的像素来计算目标的瞬时速度，通过此方法检测出运动目标的位置信息以及运动信息。使用光流法检测时，光照、摄像机的抖动和较大位移都会对检测结果产生影响。

（2）帧差法。帧差法是利用待检测目标在不同帧图像中位置不同，对连续时间的几帧图像做差分运算，判断像素点灰度差值是否达到阈值，来检测运动的目标。该方法易于实现且检测速度较快。但会存在重影和空洞问题，而且背景和阈值的选取会影响检测结果。

（3）背景差分法。背景差分法将检测图像与背景图像相减，计算背景偏离量，背景偏离量大于设定阀值的区域判定为运动区域，从而检测到目标的轮廓信息。该算法也具有易于实现、检测速度快的优点，但该算法对摄像头的运动扰动、背景动态变化的适应性较差。

（4）SIFT 算法。田丽华提出了一种使用不受噪声、光照条件、图像变换影响的特征点，来实现目标像素匹配的 SIFT 算法。该算法对视角变换、噪声、光照等影响具有较好的抗干扰能力；对缩放、平移、旋转变换具有不变性的特点。该算法对存在少量遮挡的目标的识别准确率较高，但是，SIFT 算法计算量较大，导致其识别速度较慢，而且当存在图像模糊和边缘光滑的情况时，SIFT 算法难以提取特征点。

（5）基于 Haar-like 与 AdaBoost 的结合检测算法。范海辉提出基于 Haar 与 AdaBoost

的结合检测算法，该算法使用 Haar 算法对图像提取特征，使用 AdaBoost 算法来组成强分类器。该算法通过积分图的计算和分类器级联的方法，使 Haar 算法能够更快提取特征，减少了计算量从而提高检测速度。此方法对于角度等外界因素具有抗干扰能力，但此方法的训练过程比较复杂，误报率也高。

（6）基于 HOG 与支持向量机（SVM）的结合检测算法。张凯提出的基于 HOG 与 SVM 的结合检测算法使用滑动窗口策略，来提取图像的梯度方向特征，并使用 SVM 分类器进行训练，此方法对光照具有较好的抗干扰能力，被广泛应用到行人检测中，但该方法存在窗口冗余的问题，并且对多类别目标检测的检测效果不是很好。基于机器学习的传统目标检测算法使用窗口滑动的方式来遍历图片，会产生窗口冗余等问题，并且此类方法在多类别目标检测任务中的表现不是很理想。

随着计算机硬件计算能力的提升与目标可训练样本数的增加，深度学习得到了快速发展。在 2012 年举办的 ImageNet 挑战赛上，Krizhevsky 等使用 AlexNet 模型取得了不错的成绩。从此之后，基于卷积神经网络（CNN）的深度学习网络受到了相关研究人员的密切关注。

3.5.2 基于深度学习的目标检测算法

使用深度学习来进行目标检测的算法包括两类：一类是以 R-CNN 系列为代表的 two-stage 目标检测算法，另一类是 one-stage 目标检测算法。

3.5.2.1 two-stage 目标检测算法

two-stage 目标检测算法包括两个步骤：第一步使用对应算法生成图片中包含有待检测目标的候选区域；第二步判断候选区域中目标的类别与位置。two-stage 目标检测算法包括 R-CNN、SSP-NET、Fast R-CNN、Faster R-CNN 算法等。R-CNN 是 2014 年 Ross Girshick 等提出的一种基于区域的卷积神经网络。R-CNN 算法使用 Selective Search 等预处理方法获得大约 2000 个候选区域，然后将这些候选区域的大小归一化后输入到 R-CNN 网络中，使用卷积神经网络提取候选区域的特征，将特征信息输入到 SVM 中实现目标的分类。与传统目标检测算法相比，R-CNN 的检测精度得到很大提升。R-CNN 虽然检测精度高，但其训练步骤复杂、内存占用较高、检测速度较慢，无法达到实时检测的要求。2015 年，何恺明等提出了 SSP-NET 算法，SSP-NET 对 R-CNN 候选区域提取特征的方法进行了改进，SSP-NET 只需输入原图一次，就能得到每个候选区域的特征信息。SSP-NET 还使用金字塔池化来代替候选区域归一化操作。通过上述两种改进，SSP-NET 算法能在维持 R-CNN 较高检测精度的条件下，提升检测的速度。但是 SSP-NET 也存在内存占用高这一问题，该算法训练步骤也比较复杂。Fast R-CNN 算法是 R-CNN 算法的改进算法，该算法使用奇异值分解对全连接层进行分解操作，减少网络计算量，来加快检测速度，并用 softmax 代替 SVM 分类器。Fast R-CNN 减少了内存占用，并使用 VGG16 代替 AlexNet，实现检测精度的提升。但 Fast R-CNN 候选区域的生成仍然使用 Selective Search，导致该算法检测速度较慢，不能满足实时检测的要求。Faster R-CNN 算法使用 Region Proposal Networks（RPN）网络代替 Selective Search 算法生成候选区域，Faster R-CNN 算法的检测速度更快，检测精度更高。但 Faster R-CNN 的检测速度仍不能满足实时检测的要求。

3.5.2.2 one-stage 目标检测算法

two-stage 系列的算法都采用生成候选区域后再对候选区域提取特征的思想，生成候选区域计算量大，因此该类算法检测速度较慢，不能达到实时检测的要求。针对此问题，研究人员将回归的思想引入到将目标检测中，提出了输入图片就能直接得到目标的位置和类别的 one-stage 算法。目前，常用的 one-stage 算法包括 SSD 算法和 YOLO 系列算法，YOLO 系列算法目前已经更新到了 YOLOV5 版本。这两类算法虽然网络结构有所差异，但都能满足实时检测的要求。

（1）SSD 算法属于 one-stage 算法，SSD 使用回归的方法检测出目标的位置和类别信息。SSD 算法的基本网络架构为 VGG16，SSD 使用目标先验与多尺度融合技术来实现目标的识别。SSD 算法的检测精度高，并且检测速度较快，能够满足实时检测的要求。相较于其他的目标检测算法，综合检测精度和检测速度两方面进行考虑，SSD 算法的表现更为优异。SSD 算法在提出后，也被研究人员与工程师广泛应用到各种检测任务中。陈冰曲将改进后 SSD 算法应用到车辆这一目标的检测中，徐乐将 SSD 算法应用于检测道路前方的车辆。陈幻杰将 SSD 算法中多个特征层的特征信息进行多尺度融合来进行目标检测。王文光在 SSD 算法中使用残差结构，并修改 SSD 训练时使用的损失函数，提高了模型的检测精度。谭红臣将 SSD 算法的多尺度特征信息融合后，对特征信息进行特征增强操作，使用增强的多尺度特征信息进行目标检测。

（2）YOLO 系列算法也是 one-stage 算法，该系列算法包括 YOLO、YOLOV2、YOLOV3、YOLOV4 和 YOLOV5。YOLO 是第一个将回归策略应用到目标检测任务中的算法。YOLO 的基本网络架构为 GoogLeNet。YOLO 将图片栅格化，对图片直接进行回归操作来检测目标的位置与类别信息。虽然 YOLO 的检测精度不如 R-CNN 等 two-stage 系列的算法，但 YOLO 的检测速度实现了很大提升，已经能够满足实时检测的要求。YOLOV2 是 YOLO 的升级版本，该网络的基本网络架构是 Darknet19，该网络在 YOLO 的基础上提升了检测精度。YOLOV2 将更高分辨率的图像输入到分类器中进行训练，并将多尺度的融合信息输入到分类器中，YOLOV2 还借鉴 SSD 等算法的思想，引入 anchor box 来生成候选区域。YOLOV3 在之前两个版本的基础上，融合了 SSD 等目标检测算法的先进思想进行了改进。YOLOV3 的基本网络架构为 Darknet53。YOLOV3 使用若干卷积层对基本网络架构的某几层继续提取特征，经多尺度信息融合后，将 3 个尺寸的特征图输入到分类器中，来检测目标的位置和类别信息。在 COCO 数据集上，YOLOV3 的检测速度与 SSD 相当，其检测精度比 SSD 模型更高。相比于 YOLOV2，YOLOV3 对于小目标的检测效果更优秀。YOLOV3 在被提出以来，已经成为国内外学者研究的一大热点。YOLOV3 算法在目标检测任务中表现优异，许多国内外研究人员也将研究方向转移到 YOLOV3 上。杨龙飞等使用 YOLOV3 算法对微生物进行识别，搭建出针对微生物的人工智能目标识别系统。刘林芽等采用基于 YOLOV3 的算法对铁路沿线地段边坡落石进行检测，由于边坡落石体积较小，使用 YOLOV3 检测效果更好。沈记全等提出基于 IoU 的改进边界框回归损失算法 BR-IoU，优化边界框的回归收敛效果对 YOLOV3 算法进行改进，在不影响检测实时性的前提下，有效提高了检测精度。吉森荣通过使用深度可分离卷积替换普通卷积，增加网络层数和输出通道数对 Tiny-YOLOV3 模型进行改进，提高了检测精度。刘军通过删减卷积层操作，提出了一种增强 Tiny-YOLOV3 目标检测算法，并对输入图片使用卡尔曼滤波技术进行处理，来提高小目标车辆检测的精度。2020 年 4 月，Alexey Bochkovskiy 提出了 YOLOV4 算法，其在主干网络、网络训练、激活函数、损失函数等各个方面都有不同程度的优化，在 COCO 数据集上的平均精度（AP）和帧率精度（FPS）分别提高 10%和 12%，检测准确度与快速性大大提升。YOLOV4 提出后不久，又在其基础上出现了 YOLOV5，YOLOV5 在性能上稍弱于 YOLOV4，但是在灵活性与速度上远强于 YOLOV4，在模型的快速部署上具有极强优势。

3.6 改进 Tiny-YOLOV3 算法

综合考虑 YOLO 系列各算法的优劣，我们使用 Tiny-YOLOV3 算法作为基础目标检测模型，同时对其进行改进来完成对足球的检测。

3.6.1 YOLOV3 算法

YOLOV3 是一种 one-stage 目标检测算法，即 anchor 默认框只是一个数据块，只需要对这个数据块进行分类和回归，不需将默认框映射到特征图的候选区域后再进行分类与回归，从而降低了检测时间，提高检测模型的实时性。YOLOV3 模型已经成为国内外学者和工程师研究的热点。YOLOV3 目标检测算法的结构图如图 3-8 所示，整个结构中最大的矩形框内所标注的部分为 Darknet53 结构的基本网络架构，由于 YOLOV3 模型只采用 Darknet53 网络除全连接层以外的网络结构，因此所标注结构内卷积层共有 52 层。图中 YOLOV3 的每一个 Convolutional 层由一个二维卷积层、一个批量归一化层与一个 Leaky ReLU 激活函数组成。每一个小矩形框中的 Residual 代表残差结构层，其作用是将输入到小矩形框前的特征图，与经过两层卷积层提取特征后的特征图相加，一同传递给之后的深度神经网络进行训练。YOLOV3 模型使用步长为 2 的卷积层来代替池化层，实现特征图的降维操作。非基本网络架构部分，YOLOV3 模型采用了很多 1×1 的卷积层来继续提取特征，目的是整合多个通道的信息，使网络提取的特征更加丰富，并减少网络的计算量。YOLOV3 一般使用缩放为 416×416 的图片进行训练，经过卷积层处理后，YOLOV3 将 52×52、26×26 与 13×13 三个大小的特征图作为输出，传递给分类器来进行目标识别。

3.6.2 Tiny-YOLOV3 目标检测算法

Tiny-YOLOV3 算法是 YOLOV3 算法的轻量化版本，其基本网络架构为 Tiny-darknet。Tiny-YOLOV3 算法结构如图 3-9 所示。与 YOLOV3 相比，Tiny-YOLOV3 大大减少了基本网络架构中卷积层的数量，特征图的降维采用池化操作而不是步长为 2 的卷积操作。Tiny-YOLOV3 放弃使用 YOLOV3 模型中的残差结构。该网络非骨干部分也减少了卷积层的数量，并只使用两个尺度的特征图来预测目标的位置与类别。虽然 Tiny-YOLOV3 在网络结构上有很大的改变，并且 YOLO anchor 由 YOLOV3 的 9 个降至 6 个，但是其目标定位、类别预测的方式和损失函数都与 YOLOV3 相同，Tiny-YOLOV3 的卷积层使用的也是卷积层、批量归一化层与 Leaky ReLU 激活函数的结构。非基本网络架构为若干 1×1 的卷积层与 3×3 的卷积层，这些卷积层用来提取深层次的特征。Tiny-YOLOV3 采用了多尺度融合技术，通过步长为 2 上采样操作使第 8 层卷积层提取的特征信息放大，使其与第 5 层卷积层输出

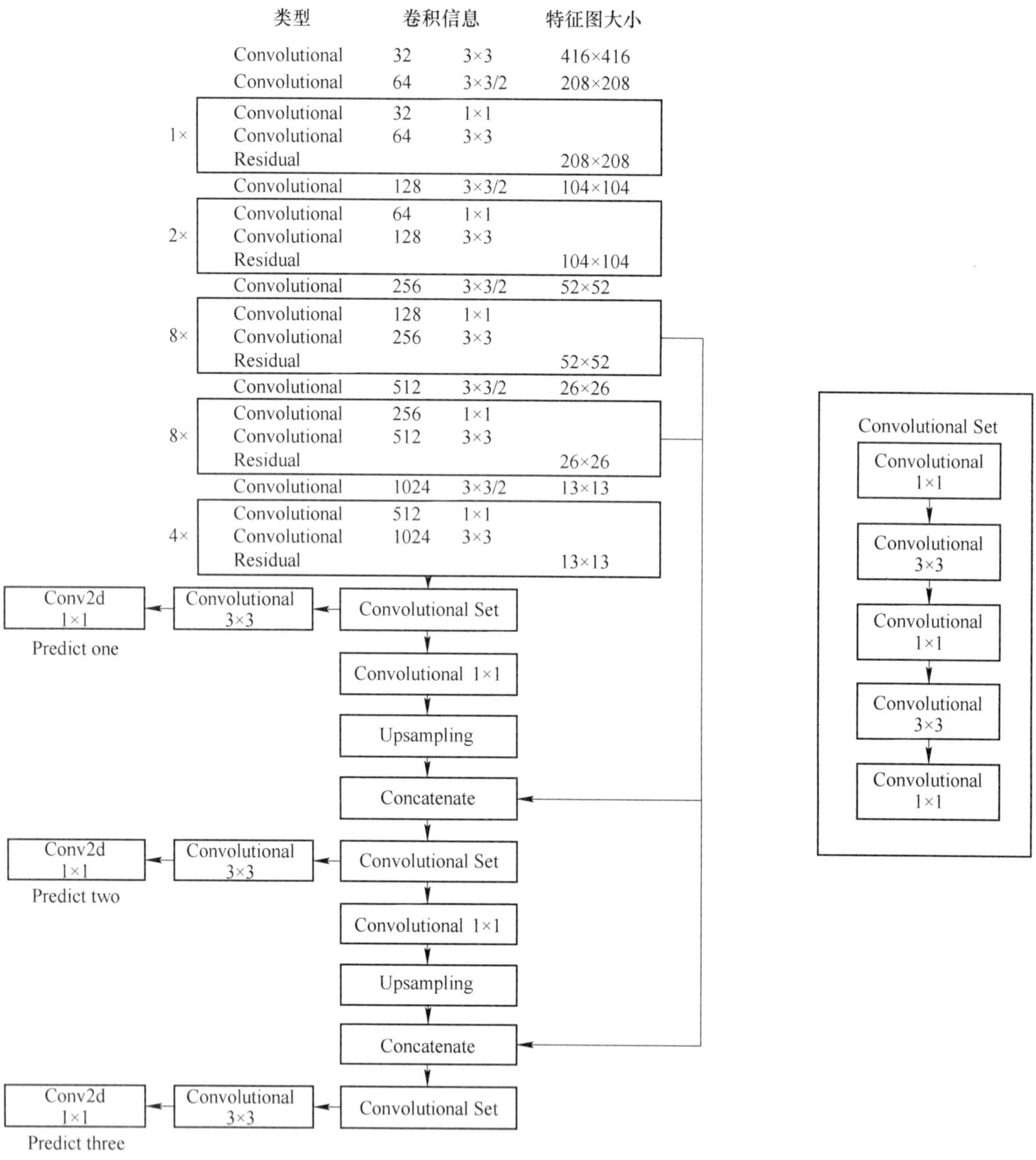

图 3-8　YOLOV3 模型结构图

特征图的大小相同，并将这两层的特征信息进行融合后继续输出给后续卷积层提取特征。Tiny-YOLOV3 将 13×13 和 26×26 两个尺寸的特征图传递给分类器进行目标检测。

Anchor box 是指训练集的所有 ground truth box 中统计出来的在训练集中最经常出现的几个 box 的形状和尺寸，其中，ground truth box 也可以理解为数据集中人工标注的矩形框。使用合适的 anchor box 可以使深度神经网络迅速合理找到目标所在区域，加快模型的收敛速度。本方法将改进 K-Means 聚类算法作用于自建数据集的 ground truth box，来生成 YOLO anchor。K-Means 算法是一种无监督的聚类算法，该算法易于实现，而且聚类效果

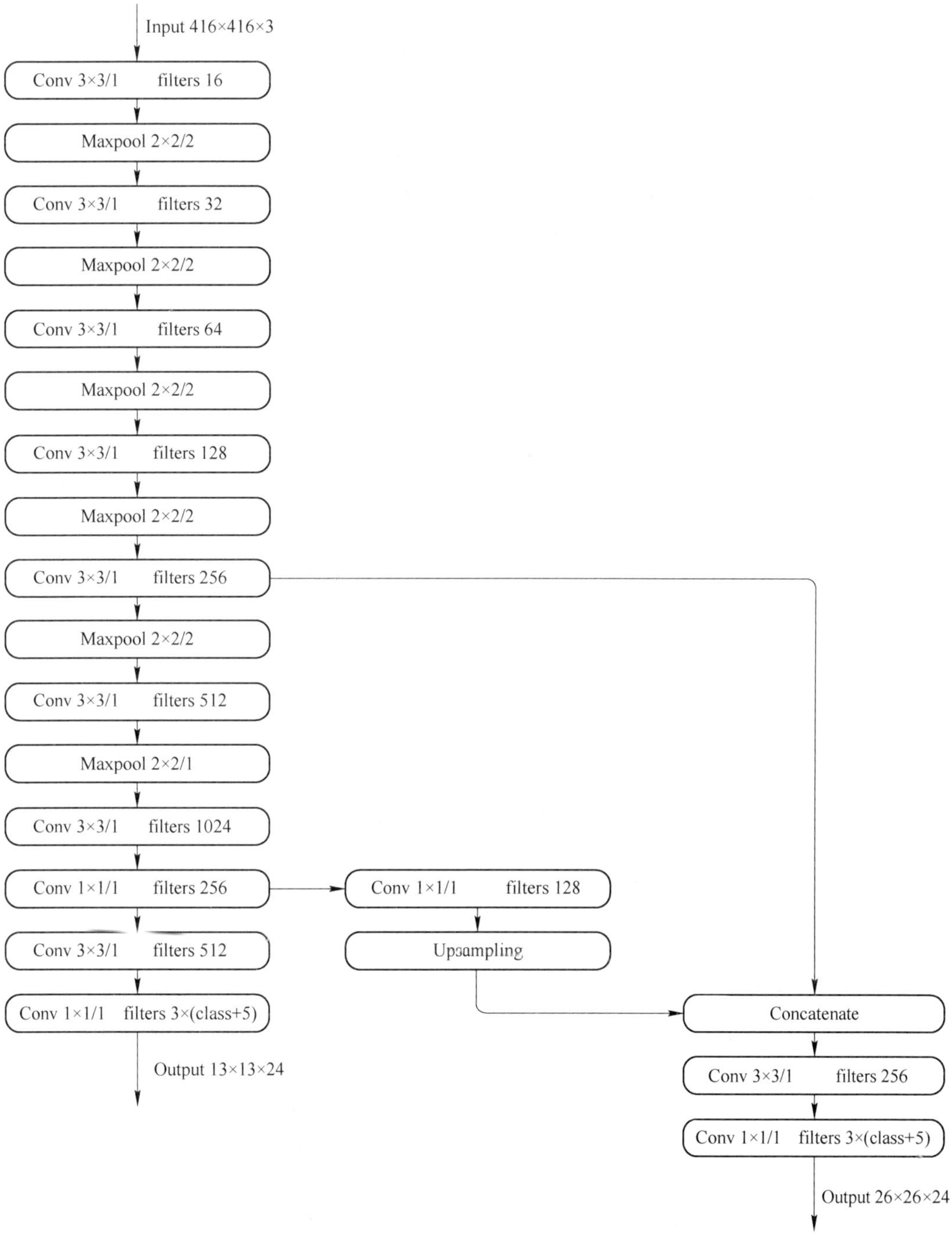

图 3-9 Tiny-YOLOV3 模型结构图

较好。K-Means 算法把距离当作衡量数据对象间相似性的标准，也就是说数据对象间的距离越小，则它们越相似，这些数据越有可能在同一类簇中。

K-Means 算法的步骤为：

（1）为每个聚类初始化一个聚类中心；

(2) 按照最小距离原则将样本分配到最邻近的聚类；

(3) 使用每个聚类的样本均值更新该类的聚类中心；

(4) 重复步骤 (2) 和 (3)，直到聚类中心不再改变；

(5) 输出聚类中心和 k 个簇划分。

K-Means 算法通常采用欧氏距离来计算数据对象间的距离。本方法中如果使用欧氏距离计算 YOLO anchor，计算出大的预测框会比小的预测框产生更多的误差。例如 $(100-95)^2=25$，$(5-2.5)^2=6.25$。因此这里使用其他的方式来计算数据对象间的距离。intersection over union (IoU) 是一种测量在特定数据集中检测相应物体准确度的标准。目标检测中 IoU 计算原理如图 3-10 所示。

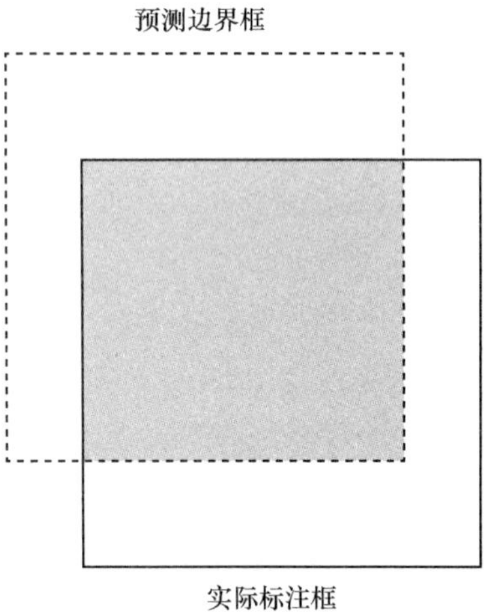

图 3-10 IoU 计算原理图

图 3-10 中虚线矩形框为预测边界框，实线矩形框为实际标注框，二者面积的交集与并集的比值即为 IoU 的值，其计算公式如式 (3-6) 所示：

$$\text{IoU}=\frac{\text{Deteetion Result}\cap\text{Ground Truth}}{\text{Deteetion Result}\cup\text{Ground Truth}} \tag{3-6}$$

聚类的目的是让 anchor box 和临近的 ground truth box 有更大的 IoU 值，因此本方法中计算距离的方法如式 (3-7) 所示：

$$d(\text{box}, \text{centriod}) = 1 - \text{IoU}(\text{box}, \text{centriod}) \tag{3-7}$$

式中，box 为输入样本；centriod 为聚类中心。由于 Tiny-YOLOV3 所使用的 anchor 数量为 6 个，因此 K-Means 聚类算法中 k 的值设置为 6。

Tiny-YOLOV3 模型通过计算预测边界框 (bounding box) 的位置，实现目标的定位。该模型将输入图片进行 $N\times N$ 的栅格化，其中，每一个单元被称为 grid cell，每一个 grid cell 都会预测固定数量的 bounding box，bounding box 的生成与 YOLO anchor 的大小有关。目标检测时，使用图片中某对象中心位置所在 grid cell 输出的 bounding box 来实现对象位置的预测。输出的 3 个 bounding box 都可以预测对象，但实际中只使用这 3 个 bounding box 中和 ground truth box 的 IoU 值最大的 bounding box 来预测目标。边界框预测的示意图如图 3-11 所示。

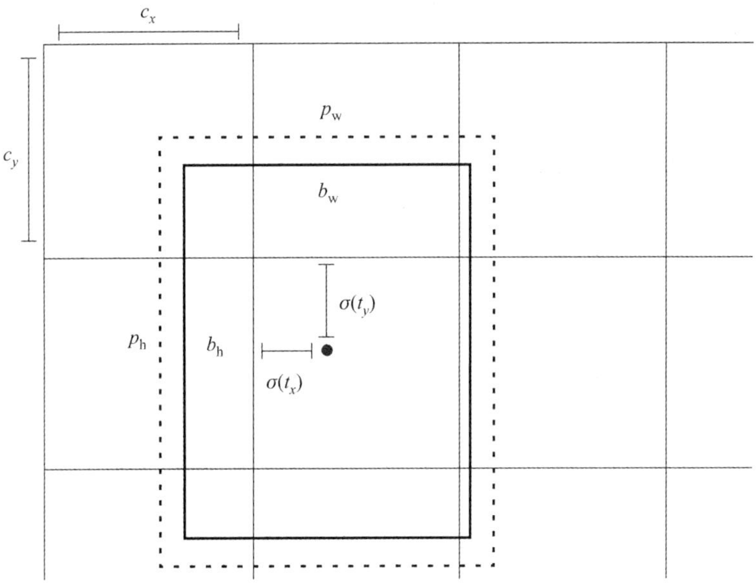

图 3-11　边界框预测示意图

边界框预测公式如下：

$$b_x = \sigma(t_x) + c_x \tag{3-8}$$

$$b_y = \sigma(t_y) + c_y \tag{3-9}$$

$$b_w = p_w e^{t_w} \tag{3-10}$$

$$b_h = p_h e^{t_h} \tag{3-11}$$

式中，t_w、t_h、t_x与t_y为预测模型的输出，t_w和t_h与 YOLO anchor 作用后能获得预测 bounding box 的宽与高，t_x与t_y经 Sigmoid 函数作用得到预测 bounding box 相对于 grid cell 的中心坐标；p_w与p_h分别为 YOLO anchor 的宽和高；c_x与c_y为 grid cell 方格左上角相对于整张图片的坐标。类别预测上 Tiny-YOLOV3 使用多标签分类的方法，使用多个 Logistic 分类器代替 softmax 分类器进行分类。其具体实现方式为使用逻辑回归层来对每个类别做二分类。逻辑回归层主要用到 Sigmoid 函数，其计算公式如式（3-12）所示：

$$f(x) = \frac{1}{1 + e^{-x}} \tag{3-12}$$

该函数可以将输入约束在 0 到 1 的范围内，因此当一张图像中某一类目标经过特征提取后输出，经过 Sigmoid 函数约束后如果值大于 0.5，就表示属于该类。

3.6.3　基于 SDense block 的改进 Tiny-YOLOV3 目标检测模型

本方法的目标检测方法以 Tiny-YOLOV3 模型为基础网络，并在 Tiny-YOLOV3 模型的基础上提出了一种改进模型，提高了模型的检测精度。Tiny-YOLOV3 模型是 YOLOV3 模型的精简版本。YOLOV3 模型以 Darknet53 为基本框架，通过一些尺寸为 3×3 和 1×1 的卷积核对目标特征进行提取，同时采用 3 个不同尺度的特征图来进行对象检测。在检测的先验框方面，YOLOV3 采用 K-Means 聚类得到先验框的尺寸，为每种下采样尺度设定 3 种尺寸的先验框，总共聚类出 9 种尺寸的先验框。在 Tiny-YOLOV3 模型中，由于最终只采用 2 个尺度的特征图来进行对象预测，所以 Tiny-YOLOV3 只采用 K-Means 聚类得到 6 种尺寸的先验框。相较于 YOLOV3 模型，Tiny-YOLOV3 网络大大减少了卷积层的数目，在 Tiny-YOLOV3 的主网络中只含有 7 层卷积层，卷积核的尺寸也为 3×3 和 1×1，每层卷积层也包含 Convolution 2D、Batch Normalization 和 Leaky ReLU 模块。在 YOLOV3 网络中，使用步长为 2 的卷积层来缩小特征图的尺寸，而在 Tiny-YOLOV3 网络中则使用步长为 2 的池化层来缩小特征图尺寸。

由于在网络结构上进行了精简，Tiny-YOLOV3 模型相较于 YOLOV3 有更快的检测速度，但是在检测精度上有所下降。因此，根据对足球检测的实际要求，需要对 Tiny-YOLOV3 模型进行改进，在提高检测精度的基础上检测速度不能有大幅度下降。本方法提出了一种改进的 Tiny-YOLOV3 模型，提高了检测精度，检测速度略微下降但仍可以满足实时检测的需求。由于 Tiny-YOLOV3 网络结构减少了卷积层的数量，相比 YOLOV3 结构特征提取较少，所以本方法在结构的前端增加进行了一次先最大池化后卷积的操作，将该结构提取后的特征与原 Tiny-YOLOV3 结构中前两层先卷积后池化提取的特征信息融合，以充分提取浅层的特征信息。此外，因为网络的加深及训练次数的增加可能会导致特征信息的丢失、梯度消失，所以本方法借鉴于 DenseNet 结构中的 Dense block，提出一种简化后的 SDense block，在原 Tiny-YOLOV3 网络第 2 层与第 3 层卷积层后增加了 SDense block，以提取深层次的特征信息。

DenseNet 结构的提出也是为了解决随着网络层数的增加而出现的梯度消失问题。DenseNet 在保证网络中层与层之间最大程度的信息传输的前提下，直接将所有层连接起来，简单来说就是每一层的输入来自前面所有层的输出，这一点与 ResNet 结构不同。DenseNet 将前面每一层的输出做 concatenation 操作，着重于对每一层 feature maps 的重复利用，而 ResNet 则是将前几层输出的直接相加，如图 3-12 所示。

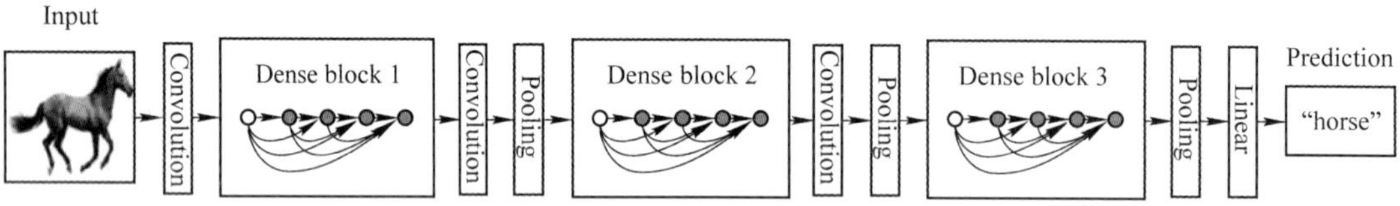

图 3-12　DenseNet 模型

DenseNet 的一个优点是网络更窄，参数更少，很大一部分原因得益于这种 Dense block 的设计，后面有提到在 Dense block 中每个卷积层的输出 feature map 的数量都很小（小于 100），而不是像其他网络一样动不动就几百上千的宽度。同时这种连接方式使得特征和梯度的传递更加有效，网络也就更加容易训练。前面提到过梯度消失问题在网络深度越深的时候越容易出现，原因就是输入信息和梯度信息在很多层之间传递导致的，而现在这种 dense connection 相当于每一层都直接连接 Input 和 Loss，因此就可以减轻梯度消失现象，这样更深网络不是问题。

DenseNet 结构主要由两部分组成，分别为 Dense block 和 Transition layer。Dense block 主要由若干 1×1 与 3×3 的卷积层、Batch Normalization 和 ReLU 组合而成，在这个模块内，每一层的输入都来自这个模块内这一层之前所有层的输入，结合前面所得到的特征来得到后续的特征。Dense block 网络结构如图 3-13 所示。Transition layer 用来连接前后的两个 Dense block，由于 DenseNet 中采用的是 concatenation 的连接方式，因此经过 Dense block 后，feature map 的数量会非常多，在 Transition layer 中采用 1×1 的卷积来降低 feature map 的数量，Transition layer 中还包含有 2×2 的平均池化层以进行降维。DenseNet 网络结构如图 3-14 所示。

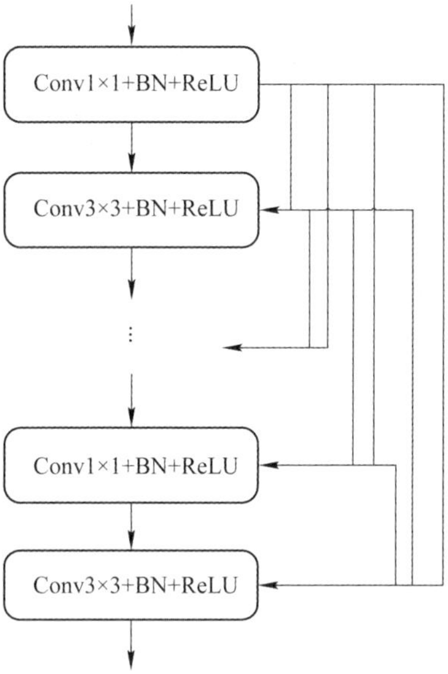

图 3-13　Dense block 结构

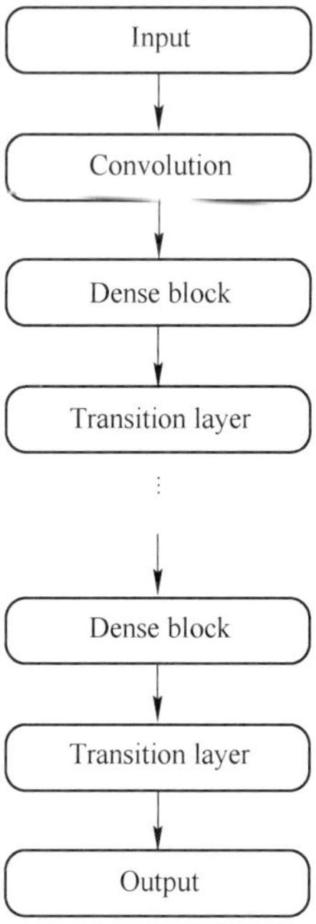

图 3-14　DenseNet 结构

在每个 Dense block 中都包含很多个子结构，包含 32 个 1×1 和 3×3 的卷积操作，也就是第 32 个子结构的输入是前面 31 层的输出结果，每层输出的 channel 是 32（growth rate），那么如果不做 bottleneck 操作，第 32 层的 3×3 卷积操作的输入就是 31×32+（上一个 Dense block 的输出 channel），近 1000 了。而加上 1×1 的卷积，代码中的 1×1 卷积的 channel 是 growth rate×4，也就是 128，然后再作为 3×3 卷积的输入。这就大大减少了计算量，这就是 bottleneck。至于 Transition layer，放在两个 Dense block 中间，是因为每个 Dense Block 结束后的输出 channel 个数很多，需要用 1×1 的卷积核来降维。虽然第 32 层的 3×3 卷积输出 channel 只有 32 个（growth rate），但是紧接着还会像前面几层一样有通道的 concat 操作，即将第 32 层的输出和第 32 层的输入做 concat，前面说过第 32 层的输入是 1000 左右的 channel，所以最后每个 Dense block 的输出也是 1000 多的 channel。因此这个 Transition layer 有个参数 reduction（范围是 0 到 1），表示将这些输出缩小到原来的多少倍，默认是 0.5，这样传给下一个 Dense block 的时候 channel 数量就会减少一半，这就是 Transition layer 的作用。

本方法结合 Tiny-YOLOV3 结构，借鉴 Dense block 结构提出了一种简化结构 SDense block 添加到 Tiny-YOLOV3 中。SDense block 使用 1×1 与 3×3 的卷积层对特征进行提取，提取后经过 Batch Normalization、Leaky ReLU 结构和 1×1 的卷积层输出到下一层，在 SDense block 结构中，前两层卷积层接受前面所有卷积层的输出，进行特征融合后继续输出至下一层。SDense block 结构如图 3-15 所示。

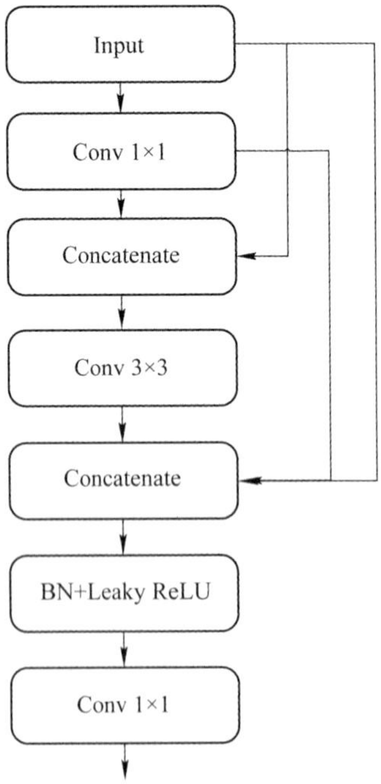

图 3-15　SDense block 结构

本方法提出的改进 Tiny-YOLOV3 结构，在原 Tiny-YOLOV3 结构的第 1 层卷积层添加先池化后卷积的结构，进行特征提取后与原结构中先卷积后池化的特征进行融合，并且在原 Tiny-YOLOV3 结构的第 2、3 层卷积层添加 SDense block，提取深层次的特征信息，减轻梯度消失现象。改进后的 Tiny-YOLOV3 结构如图 3-16 所示，改进部分用深色标出。

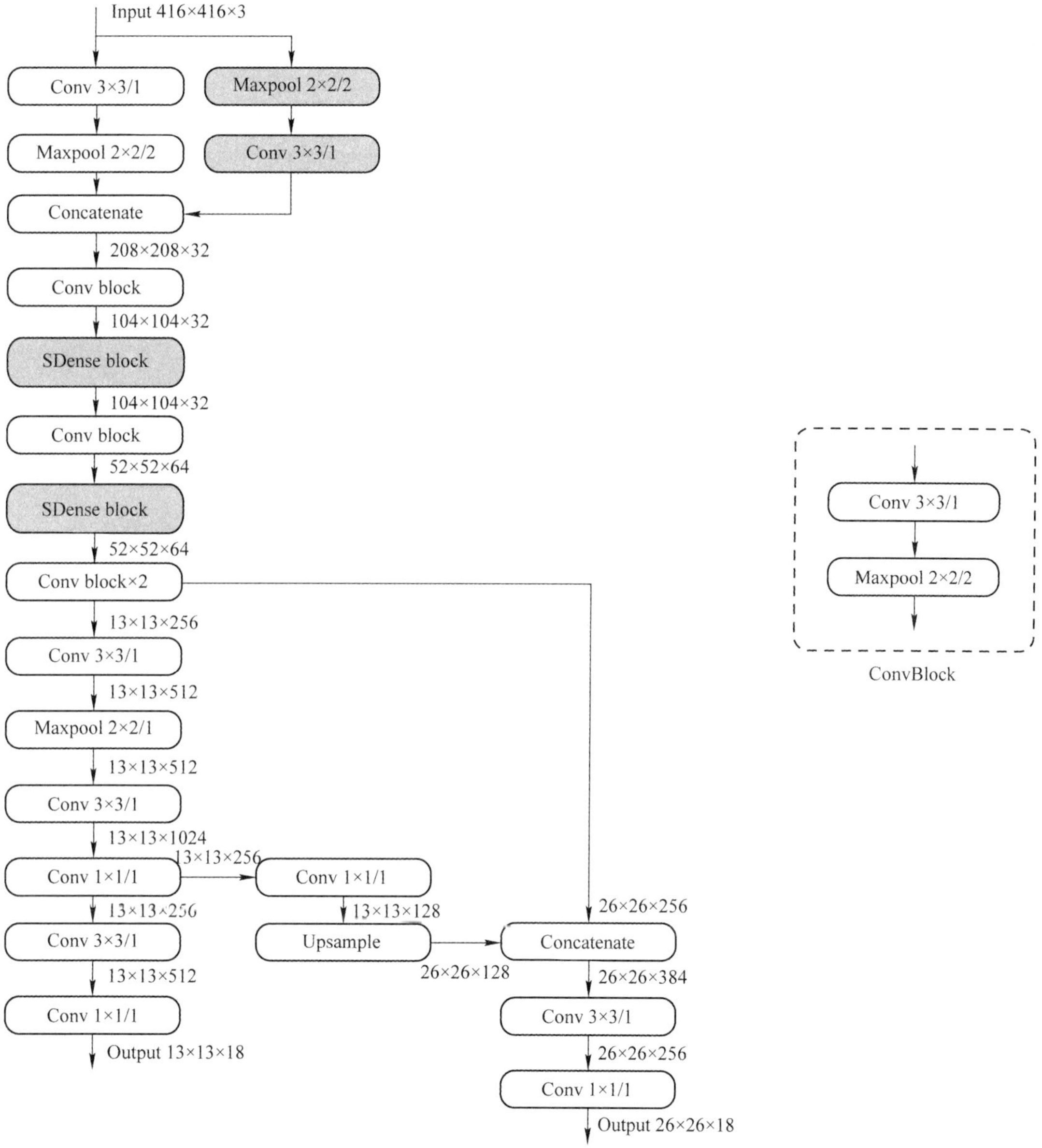

图 3-16 改进 Tiny-YOLOV3 结构

3.7 数据集制作

PASCAL VOC 是针对图像识别与分类而制作的数据集。PASCAL VOC 挑战赛在 2005~2012 年间展开。该挑战赛的目的是识别真实场景中一些物体的类别。在该挑战赛中，训练集以带标签的图片的形式给出。PASCAL VOC 数据集包含 20 类的物体，并且每张图片都有对应标注，标注的物体包括人、动物（如猫、狗等）、交通工具（如车、飞机等）、家具（如椅子、桌子等）等20类。每张图像中平均有2.4个目标。所有的标注图片都有供目标检测时所需的label文件，但只有部分的数据有Segmentation Label文件。由于PASCAL VOC数据集中PASCAL VOC 2007数据集最为常用，因此本方法使用PASCAL VOC 2007数据集格式。

PASCAL VOC 2007数据集包含JPEGImages、Annotations、ImageSets、SegmentationClass和SegmentationObject这5个文件夹。本方法目标检测模型训练时，主要用到前3个文件夹，后两个文件夹下存储的是目标物分割后的图片，主要用于语义分割，在目标识别中没有用到，因此本方法不会对后两个文件夹做详细说明。

JPEGImages文件夹中存储的是PASCAL VOC数据集提供的所有的图片信息，所有图片都是jpg格式的。其中，PASCAL VOC 2007数据集中图片以“编号.jpg”的命名方式存储。由于训练时，要对图片进行缩放处理，因此数据图片的宽度与高度在375~500像素左右且偏差在100像素以内。Annotations文件夹中存储的是xml格式的标签文件，每一个xml文件都对应于JPEGImages文件夹中的一张图片，对应的具体方式为二者具有同样的文件名，但是文件格式不同。xml文件中存储了其对应图片的标注信息。一个xml文件主要包含了对应图片的文件名、图像来源、图像尺寸、图像是否用于分割及检测到的物体这几种信息。图片尺寸包括图片的长、宽与通道数。检测到的物体中还包括以下信息：物体类别、拍摄角度、是否被截断（0表示图片完整，1表示图片被裁剪过）、目标是否难以识别（0表示容易识别，1表示难以识别）与bounding box，bounding box包含检测物体左下角和右上角的坐标，通过这两个点构建出一个矩形框，来说明检测物体在图中的位置。

ImageSets文件夹中存储了Action、Layout、Main与Segmentation 4个文件夹。其中，Action文件夹存储了人的动作，例如跑、跳等。Layout存储的是人体部位，例如头、手、脚等数据。Segmentation存储的是可用于分割的信息。本方法主要使用的是Main文件夹，该文件夹由若干txt文件组成，这些文件存储了20类物体识别的数据，并决定了哪些图片用来训练、哪些图片用来验证以及哪些图片用于测试。

在使用改进的Tiny-YOLOV3模型进行目标检测之前，需要建立检测数据集、标记数据集、训练模型，并使用训练后的模型进行检测。培训中使用的图片都是从互联网上收集的。总共使用了1788张图片。这些图片包含各种类型的足球。在训练过程中，这些图片的分辨率统一降低到416×416，图像格式均为jpg文件。本方法使用与VOC数据集相同的格式进行标记，数据集中的图片使用LabelImg软件进行标记。LabelImg软件用于标记图片中对象的类别信息和位置信息，并将其保存为xml文件以供培训。图3-17显示了标记数据集图像的界面。将足球放入矩形框中，输入对象的类名，并对图片进行标记。

实验所用的电脑硬件配置为Intel Core i5-8400 2.80GHz处理器、NVIDIA GTX1060显卡、16GB RAM、500GB西数机械硬盘。软件方面，电脑使用Windows 10 64位系统，目标检测算法使用编程语言为Python，试验在Keras框架下调用Tensorflow进行，使用CUDA11.1和CUDNN7.6.5加速库进行训练和检测的GPU加速。

在本实验中，Tiny-YOLOV3的训练前模型和体重文件从YOLO的官方网站下载。在每

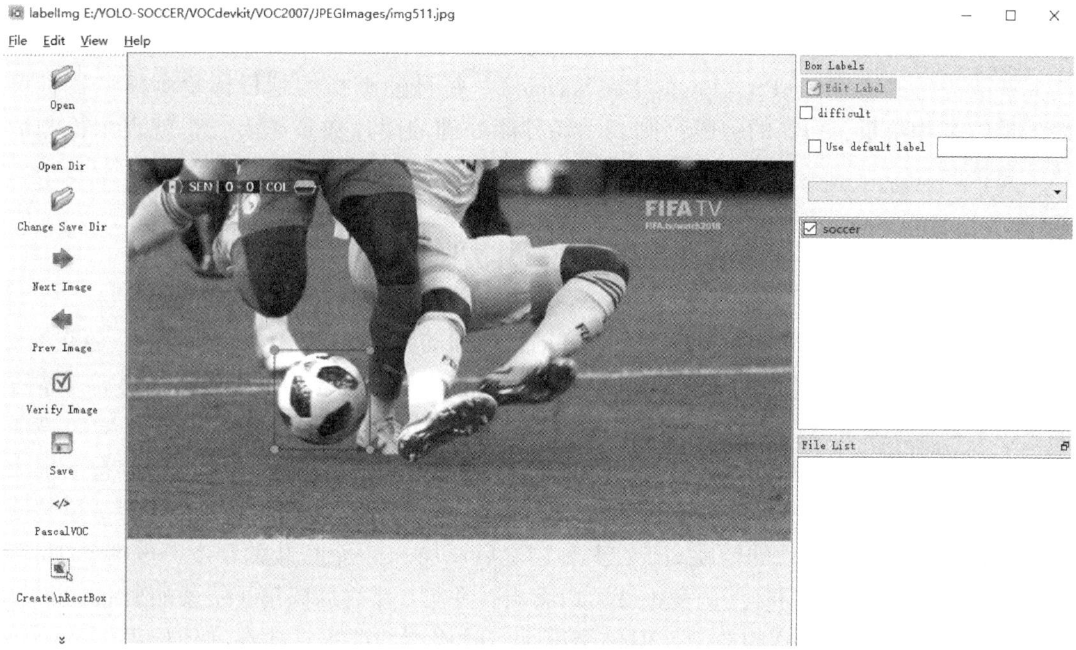

图 3-17　图片标注

个训练周期完成后，计算验证集的平均精度（AP，Average Precision）和损失，并每 5 个阶段保存训练权重文件。同时，保存了损失最小、AP 最高的模型。

3.8　模型评价标准

评价标准中 mAP（mean Average Precision）指的是 AP 的平均值，计算出验证集中每个类别的平均精确度后，将所有类别的平均精确度求平均，就能求出 mAP 值。mAP 可以用来衡量目标检测模型的检测精度，mAP 越高检测精度越高。AP 值等于精度-召回率曲线与坐标轴所围成的面积，精度-召回率曲线是以 precision 为纵轴、recall 为横轴绘制的二维曲线，选取不同阈值时会得到对应 precision 与 recall 值，通过二者对应关系就能画出精度-召回率曲线。由于本方法使用模型只检测足球这一类目标，所以 mAP 值与检测足球的 AP 值相等。式（3-13）表明了 precision 的计算方式：

$$\text{precision} = \frac{\text{TP}}{\text{TP} + \text{FP}} \tag{3-13}$$

式中，TP 为模型进行预测后被正确地划分为正例的个数；FP 为模型进行预测后被错误地划分为正例的个数。

式（3-14）表明了 recall 的计算方式：

$$\text{recall} = \frac{\text{TP}}{\text{TP} + \text{FN}} \tag{3-14}$$

式中，FN 为模型进行预测后为被错误地划分为负例的个数。通过上述的公式可以得出精度-召回率曲线，曲线与坐标轴围成的面积值即为该类别对应的 AP 值。

对于目标检测过程来说，除了检测精度之外，目标检测的速度快慢也是评价检测模型好坏的重要指标之一，检测的速度足够快才能满足实时检测的要求。衡量检测的速度指标一般为每秒帧率（FPS，Frame Per Second）。每秒帧率指的是目标检测模型每秒可以处理的图片数量，FPS 的值越高则表示每秒能处理的图片数量越多，也就表示检测的速度越快。

3.9 目标检测实验结果

为了获得最佳的改进效果，以 SDense block 添加的位置为变量，分别将其添加在第 2 层与第 3 层卷积模块后、第 4 层与第 5 层卷积模块后、第 6 层与第 7 层卷积模块后。本方法采用 k 折交叉验证方法，将数据集按 4：1 的比例划分为训练集和测试集，并对改进后的模型进行了 5 次验证测试。结果表明，与原算法相比，改进后的算法检测精度有了很大提高。训练后模型的输出结果如表 3-1 和表 3-2 所示。从表 3-1 可以看出，在第 2 层到第 3 层之后添加 SDense 模块的精度高于在其他层之后添加 SDense 模块的精度，也高于 Tiny-YOLOV3 模型的精度。同时，从表 3-2 可以看出，在第 2 层之后向第 3 层添加 SDense 模块的检测速度略低于 Tiny-YOLOV3，但仍能满足实时检测的要求，比在其他层添加 SDense 模块的检测速度要快。

表 3-1 在不同层中添加 SDense block 的 mAP 值 （%）

Tiny-YOLOV3	Conv block2-3+SDense block	Conv block4-5+SDense block	Conv block6-7+SDense block
61.9	67.6	64.5	63.5
62.9	69.0	63.4	66.2
62.1	68.3	67.5	60.0
66.0	68.7	65.8	62.8
72.6	76.7	73.8	74.7

表 3-2 FPS 在不同层中添加 SDense block 的 FPS 值

Tiny-YOLOV3	Conv block2-3+SDense block	Conv block4-5+SDense block	Conv block6-7+SDense block
35	30	27	26
34	29	28	25
36	30	27	26
34	30	26	24
35	30	27	27

此外，从表 3-3 可以看出，在原结构中添加 SDense block 的精度高于添加卷积层的精度。从表 3-4 可以看出，在第 2 层与第 3 层添加 SDense block 的检测速度比添加卷积层的检测速度快。

表 3-3 第 2-3 层中增加卷积层和 SDense block 的 mAP 值 (%)

Conv block2-3+SDense block	Conv block2-3+Convolution
67.6	62.8
69.0	63.4
68.3	66.8
68.7	66.3
76.7	73.9

表 3-4 第 2-3 层中增加卷积层和 SDense block 的 FPS 值

Conv block2-3+SDense block	Conv block2-3+Convolution
30	26
29	26
30	25
30	25
30	26

同时，本方法将改进的 Tiny-YOLOV3 模型与 YOLOV4 和 YOLOV5 模型进行了比较。如表 3-5 所示，YOLOV4 和 YOLOV5 模型的检测精度有了很大提高，但两种模型的检测速度显著降低。对于本实验所采用的方法，改进的 Tiny-YOLOV3 模型在检测精度方面已经能够满足实际需要。由于足球运动速度较快，这种方法要求模型具有更快的检测速度，而 YOLOV4 和 YOLOV5 的检测速度较慢，无法满足要求。因此，改进的 Tiny-YOLOV3 模型更适合足球训练。

表 3-5 改进模型、YOLOV4 和 YOLOV5 的 mAP 和 FPS 平均值

Model	mAP/%	FPS
Improved Tiny-YOLOV3	70.1	30
YOLOV4	85.0	17
YOLOV5	89.8	12

图 3-18 为使用不同模型对图片进行检测的结果。可以看出在图 3-18（a）中，Tiny-YOLOV3 模型未能检测到所有的足球，漏检了 3 个足球，而图 3-18（b）中改进后的 Tiny-YOLOV3 检测到了所有的足球。在图 3-18（c）中，Tiny-YOLOV3 漏检了 4 个足球，图 3-18（d）中改进后的 Tiny-YOLOV3 检测到了所有的足球。在图 3-18（e）中 Tiny-YOLOV3 检测足球的位置不正确，图 3-18（f）中改进后的 Tiny-YOLOV3 检测到足球的正确位置。

图 3-18　Tiny-YOLOV3 检测结果与改进 Tiny-YOLOV3 检测结果

3.10　双目视觉获取坐标

双目视觉（binocular vision）是机器视觉的一种重要形式，它是基于视差原理并利用成像设备从不同的位置获取被测物体的两幅图像，通过计算图像对应点间的位置偏差，来获取物体三维几何信息的方法。

双目视觉融合两只眼睛获得的图像并观察它们之间的差别，具有明显的深度感，使我们可以建立特征间的对应关系，将同一空间物理点在不同图像中的映像点对应起来，这个差别所形成的图像，我们称作视差（disparity）图像。

双目视觉测量方法具有效率高、精度合适、系统结构简单、成本低等优点。对运动物体（包括动物和人体形体）测量来说，由于图像获取是在瞬间完成的，因此立体视觉方法是一种更有效的测量方法。双目立体视觉系统是计算机视觉的关键技术之一，获取空间三维场景的距离信息也是计算机视觉研究中最基础的内容。

双目视觉的开创性工作始于20世纪的60年代中期。美国MIT的Roberts通过从数字图像中提取立方体、楔形体和棱柱体等简单规则多面体的三维结构，并对物体的形状和空间关系进行描述，把过去的简单二维图像分析推广到了复杂的三维场景，标志着立体视觉技术的诞生。随着研究的深入，研究的范围从边缘、角点等特征的提取到对线条、平面、曲面等几何要素的分析，直到对图像明暗、纹理、运动和成像几何等进行分析，建立起各种数据结构和推理规则。特别是20世纪80年代初，Marr首次从信息处理的角度对图像处理、心理物理学、神经生理学和临床精神病学的研究成果进行概括，创立了视觉计算理论框架。这一基本理论对立体视觉技术的发展产生了极大的推动作用，在这一领域已形成了从图像的获取到最终的三维场景可视表面重构的完整体系，使得立体视觉已成为计算机视觉中一个非常重要的分支。

经过几十年来的发展，双目视觉在机器人视觉、航空测绘、军事运用、医学成像和工业检测等领域中的运用越来越广。

3.10.1 四个坐标系转换

相机成像模型有4个坐标系：(1) 图像像素坐标系，它是根据图像建立的，坐标原点一般建立在图像的第一个像素坐标上；像素坐标系描述的是目标在相片上成像点所在的位置，单位为像素。(2) 图像物理坐标系，坐标原点一般建立在图像的中心像素上；图像坐标系用来描述目标从相机坐标系到图像坐标系的投影映射，单位为米。(3) 相机坐标系，坐标原点一般是左相机的光心上。相机坐标系用来描述在相机的角度上物体所处位置，单位为米。(4) 世界坐标系，坐标原点可以是任何位置。世界坐标系是用来描述目标在真实世界里的位置而提出的坐标系，是使用者人为规定的，单位为米。

为了获取图像定位的目标物体在世界坐标系下的位置，需要将物体在图像中的像素坐标转化成世界坐标。其实，这样的转化，并不是依次将坐标从图像像素坐标系转到物理、相机、最终到世界坐标系，双目视觉理论上并不需要那么多的转化，而是使用相似三角形一次完成。

通过对世界坐标系进行平移和旋转变换，就可将其转化为相机坐标系，利用相机坐标系作为中转，就能将世界坐标系转换到图像坐标系。对图像坐标系做平移变换与缩放变换，就可将其转换到像素坐标系。通过上述转换，就可以将某一点在世界坐标系中的位置，映射到像素坐标系，即知道目标的像素点，即可对其进行定位。

如图3-19所示，图像像素坐标系的原点为像素点O，U轴、V轴是它的两个坐标轴，它们是图像的两条边。图像物理坐标系的原点是图3-19中的点o，点o是图像的中心，像素坐标为（u，v），图像物理坐标系的x轴、y轴各自与U轴、V轴平行。摄像机坐标系（O_c-$X_c Y_c Z_c$）的原点是图3-19中的点O_c，摄像机坐标系的X_c轴、Y_c轴各自与U轴、V轴平行，摄像机坐标系的Z_c轴垂直于图像平面，与摄像机光轴Z_c平行。世界坐标系

（O_w-$X_w Y_w Z_w$）的原点一般取相机光心或者相机基线的中点，世界坐标系的 Z_w 轴方向与 Z_c 轴的相反，世界坐标系的 X_w 轴、Y_w 轴各自与 U 轴、V 轴方向一致。

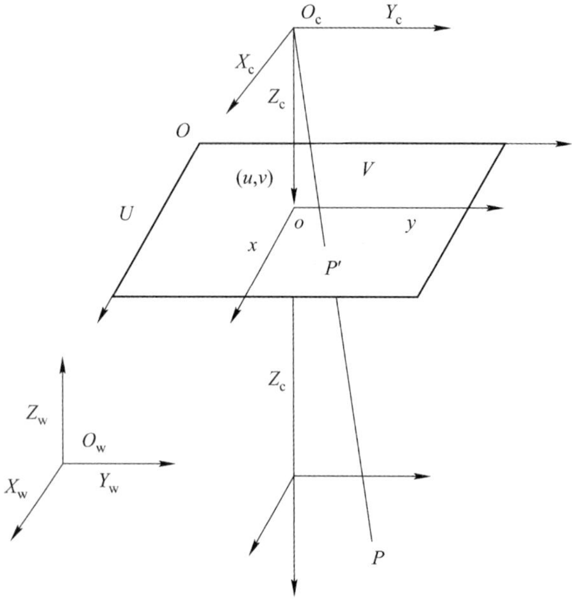

图 3-19　四个坐标系转换

3.10.2　内外部参数

根据摄像机拍摄到的刚体物体的图像，在相机坐标系，可以用旋转矩阵和平移向量表示刚体物体的位置和姿态。在世界坐标系中，物体的运动也可以用旋转矩阵和坐标向量的乘积表示，相当于点位置在另一个坐标系下的重新表达。在三维坐标系中，旋转可以分为绕 X、Y、Z 轴的旋转方式，旋转矩阵 $\boldsymbol{R}$ 存在一个特性，它的逆是它的转置矩阵，平移向量 $\boldsymbol{T}$ 是刚体物体的移动后相对位置之间的偏移量。设空间某点在世界坐标系的坐标为 P，此点经过拍摄相机映射到相机坐标系中的坐标为 P'，则：

$$P' = \boldsymbol{R}(P - \boldsymbol{T}) \tag{3-15}$$

旋转矩阵 $\boldsymbol{R}$ 可以用 3×3 的矩阵表示，平移向量 $\boldsymbol{T}$ 可以一个 1×3 的三维向量表示，旋转矩阵 $\boldsymbol{R}$ 也可以用 3 个旋转角度表示，加上平移向量 $\boldsymbol{T}$ 的 3 个元素，共 6 个数据，称作相机外参数。事实上，由于焦距的存在，世界坐标系的点，先经过旋转平移到摄像机坐标系，再经过内参映射到图像物理坐标系，最后经过距离与像素比转到图像像素坐标系，比这个公式更加复杂。

$$Z_C\begin{bmatrix} u \\ v \\ 1 \end{bmatrix} = \begin{bmatrix} \frac{1}{k} & 0 & u_0 \\ 0 & \frac{1}{l} & v_0 \\ 0 & 0 & 1 \end{bmatrix}\begin{bmatrix} f & 0 & 0 & 0 \\ 0 & f & 0 & 0 \\ 0 & 0 & 1 & f \end{bmatrix}\begin{bmatrix} \boldsymbol{R} & \boldsymbol{T} \\ 0^{\mathrm{T}} & 1 \end{bmatrix}\begin{bmatrix} X_w \\ Y_w \\ Z_w \\ 1 \end{bmatrix}$$

$$= \begin{bmatrix} f_x & 0 & u_0 & 0 \\ 0 & f_y & v_0 & 0 \\ 0 & 0 & 1 & 0 \end{bmatrix} \begin{bmatrix} \boldsymbol{R} & \boldsymbol{T} \\ 0^{\mathrm{T}} & 1 \end{bmatrix} \begin{bmatrix} X_w \\ Y_w \\ Z_w \\ 1 \end{bmatrix} \tag{3-16}$$

式中，点（u，v）为世界坐标系的点（X_w，Y_w，Z_w）在图像中的投影像素点坐标；Z_c 为世界坐标系的点（X_w，Y_w，Z_w）在摄像机坐标系下的 Z 轴值；k 和 l 分别为物理上每一个像素单元在 x 轴与 y 轴的实际长度，单位为毫米；f 为摄像机的焦距；$\boldsymbol{R}$ 为世界点旋转到相机的矩阵；$\boldsymbol{T}$ 为其平移向量；f_x 为摄像机在 x 轴上的焦距；f_y 为摄像机在 y 轴上的焦距；（u_0，v_0）为图像像素坐标系的主点。其中 u_0、v_0、f_x 和 f_y 为摄像机分辨率和焦距决定的 4 个内部参数，旋转矩阵对应的旋转角度和平移向量中的数据是摄像机与世界位置相关的外部参数。

通过改进 Tiny-YOLOV3 模型检测后，模型会在被检测图像中画出一个矩形框，将检测到的足球放在矩形框内，由于本方法只需检测足球，所以使用改进的 Tiny-YOLOV3 模型检测后只有足球这一类别会被检测到。对足球完成检测后，由于需要读取其位置坐标信息，所以需要使用矩形框的相关参数进行坐标的计算。本方法通过双目摄像头对足球进行位置检测及坐标读取，双目摄像头测量的基本原理是用两个摄像头从不同的角度对物体进行拍摄，得出测量点在两幅图像平面上的像素坐标对，再利用成像公式计算出被测点的三维坐标。双目摄像头通过对两幅图像视差的计算，直接对前方物体进行距离测量。双目摄像头的原理与人眼相似，人眼能够感知物体的远近，是由于两只眼睛对同一个物体呈现的图像存在差异，也称“视差”。双目摄像头根据这个原理进行三维坐标的读取。为了减少运算量，同时由于对足球三维坐标的精确程度要求并不十分严格，可以采用两个内部参数相同的摄像机，将它们平行放置，使它们的光轴相互平行，另有一对坐标轴共线，两个成像平面共面，两摄像机的光心有一个固定的距离 d，这样求解图像点的世界坐标时只涉及摄像机内参数。如图 3-20 所示为双目视差测距原理。

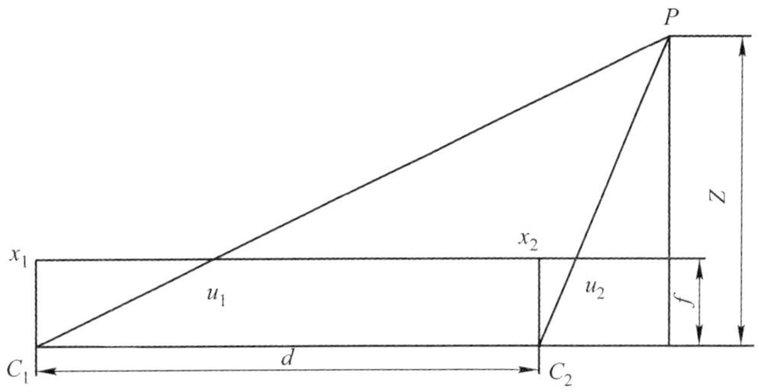

图 3-20　双目视差测距

在上述特殊摄像机配置下，假设左摄像机为 C_1，右摄像机为 C_2，焦距为 f，摄像机间距为 d，任何空间点 P 的坐标在左摄像机下为（x_1，y_1，z_1），在右摄像机坐标系下为（x_2，y_2，z_2），在左摄像机中的图像坐标为（u_1，v_1），在右摄像机中的图像坐标为（u_2，v_2），根据三角形的相似及坐标关系转换有等式（3-17）成立，其中 x、y、z 分别为 P 点的近似空间三维坐标。

$$\begin{cases} \dfrac{f}{z_1} = \dfrac{u_1}{x_1} = \dfrac{v_1}{y_1} \\ \dfrac{f}{z_2} = \dfrac{u_2}{x_2} = \dfrac{v_2}{y_2} \end{cases} \tag{3-17}$$

世界坐标系和相机坐标系之间的关系可以表示为：

$$\begin{cases} X = x_1 = x_2 + d \\ Y = y_1 = y_2 \\ Z = z_1 = z_2 \end{cases} \tag{3-18}$$

联立式（3-17）和式（3-18）可以得到：

$$d = \frac{z}{f}(u_1 - u_2) \tag{3-19}$$

则被检测物体的坐标为：

$$\begin{cases} X = \dfrac{u_1}{u_1 - u_2} d \\ Y = \dfrac{v_1}{v_1 - v_2} d \\ Z = \dfrac{f}{u_1 - u_2} d \end{cases} \tag{3-20}$$

在本方法中，我们使用张正友棋盘标定法来获得校准后相机的内部参数矩阵，并将物体的像素坐标转换为图像坐标。转换关系如式（3-21）所示，其中（m，n）表示物体的像素坐标，可直接从 Tiny-YOLOV3 检测图像中获得，（m_0，n_0）是像素坐标的原点。

$$\begin{cases} m = \dfrac{u}{\mathrm{d}u} + m_0 \\ n = \dfrac{v}{\mathrm{d}v} + n_0 \end{cases} \tag{3-21}$$

可以得到以下等式：

$$\begin{bmatrix} m \\ n \\ 1 \end{bmatrix} = \begin{bmatrix} \frac{1}{\mathrm{d}u} & 0 & m_0 \\ 0 & \frac{1}{\mathrm{d}v} & n_0 \\ 0 & 0 & 1 \end{bmatrix} \tag{3-22}$$

上述等式右边的矩阵是摄像机的内部参数矩阵，可以通过标定获得，根据此式计算得到摄像机坐标和三维坐标。

改进的 Tiny-YOLOV3 算法检测可以预测出矩形框的 4 个顶点位置的像素坐标，然后根据像素坐标画出矩形框，通过 4 个顶点像素坐标分别取 X 方向坐标与 Y 方向坐标的平均值，即矩形框的中心点坐标作为足球的像素坐标。通过对双目摄像头进行标定，得到摄像头的内参数，使用内参数矩阵进行坐标系变换，结合等式（3-20）可以得到足球的三维坐标，然后将三维坐标传输到虚拟现实端显示足球的位置。

3.10.3 相机标定

计算机视觉的基本任务之一是从相机获取的图像信息出发计算三维空间中物体的几何信息，并由此重建和识别物体。而空间物体表面某点的三维几何位置与其在图像中对应点之间的映射关系是由相机成像的几何模型决定的，这些几何模型参数就是相机参数。

在大多数条件下这些参数必须通过实验与计算才能得到，这个求解参数（内参、外参、畸变参数）的过程就称之为相机标定（或摄像机标定）。无论是在图像测量或者机器视觉应用中，相机参数的标定都是非常关键的环节，其标定结果的精度及算法的稳定性直接影响相机工作产生结果的准确性。

比如，当我们拿到一张图片，进行识别之后，得到的两部分之间的距离以像素计算，但是这像素究竟对应现实世界中的多少米呢？这就需要利用相机标定的结果来将像素坐标转换到物理坐标来计算距离（当然这里要说明，仅仅利用单目相机标定的结果，是无法直接从像素坐标转化到物理坐标的，因为透视投影丢失了一个维度的坐标，所以测距其实需要双目相机）。因此，做好相机标定是做好后续工作的前提，提高标定精度是科研工作的重点所在。

然而在实际中，镜头并非理想的透视成像，其总会带有不同程度的畸变（见图 3-21）。理论上镜头的畸变包括径向畸变和切向畸变，切向畸变影响较小，通常只考虑径向畸变。

径向畸变主要由镜头径向曲率产生（光线在远离透镜中心的地方比靠近中心的地方更加弯曲）。导致真实成像点向内或向外偏离理想成像点。其中畸变像点相对于理想像点沿径向向外偏移，远离中心的，称为枕形畸变；径向畸点相对于理想点沿径向向中心靠拢，称为桶状畸变。

张正友相机标定法是张正友教授 1998 年提出的单平面棋盘格的相机标定方法。传统标定法的标定板是三维的，需要非常精确，这很难制作；而张正友教授提出的方法介于传

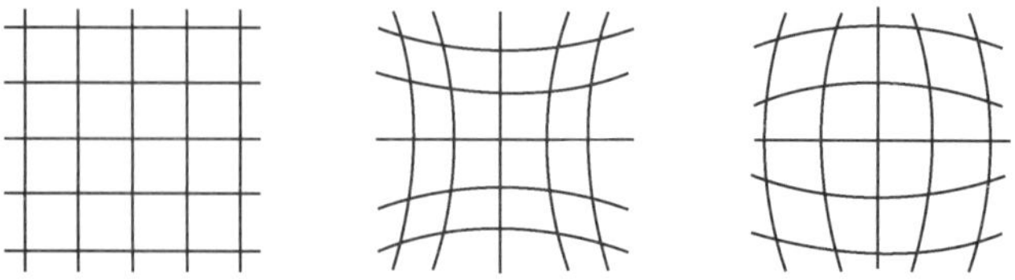

(a) (b) (c)

图 3-21 镜头畸变

(a) 正常物体；(b) 枕型畸变；(c) 桶型畸变

统标定法和自标定法之间，克服了传统标定法需要的高精度标定物的缺点，而仅需使用一个打印出来的棋盘格就可以，如图 3-22 所示。

图 3-22 标定棋盘

相机标定步骤包括：

(1) 准备一个张正友标定法的棋盘格，棋盘格大小已知，用相机对其进行不同角度的拍摄，得到一组图像；

(2) 对图像中的特征点如标定板角点进行检测，得到标定板角点的像素坐标值，根据已知的棋盘格大小和世界坐标系原点，计算得到标定板角点的物理坐标值；

(3) 求解内参矩阵与外参矩阵。根据物理坐标值和像素坐标值的关系，求解相机内参矩阵，最后求解每张图片对应的相机外参矩阵；

(4) 计算径向畸变参数；

（5）利用 L-M（Levenberg-Marquardt）算法对上述参数进行优化。

整体流程如图 3-23 所示。

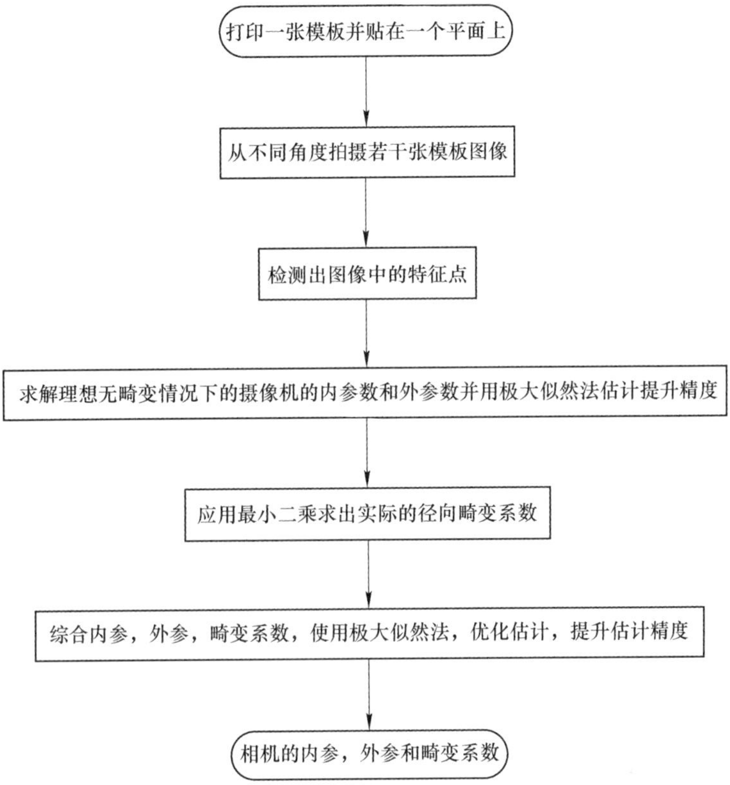

图 3-23　标定流程

相对于自标定而言，张正友标定法提高了精度，便于操作，因此张氏标定法被广泛应用于计算机视觉方面。如图 3-24 所示为标定过程。

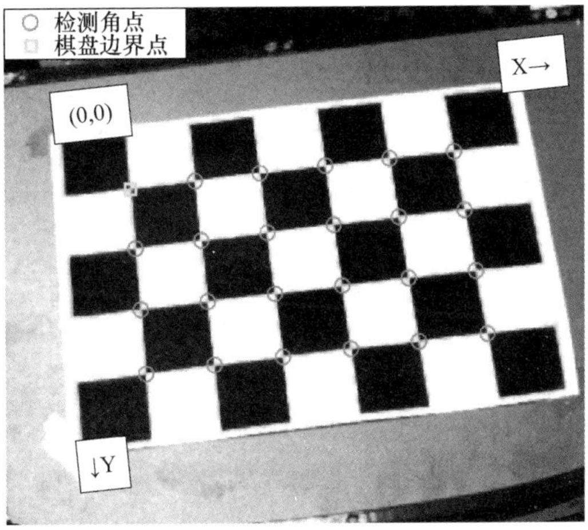

图 3-24　标定过程

3.11 坐标传输

本方法的检测对象是足球，主要目标是将现实中运动的足球在VR环境中实时再现，以达到良好的训练效果。本过程分为目标检测、三维坐标读取、数据传输和位置再现4个大的步骤。首先，使用目标检测算法对足球进行检测，在摄像头拍摄到的画面中找出足球的位置；其次对目标检测生成的图像坐标进行处理，进行足球三维坐标的读取；然后将处理后的坐标数据传输到VR显示端，要求到达数据实时传输且无数据丢失；最后在VR显示端对传输来的坐标进行再处理，在VR环境中实时再现足球。实验流程如图3-25所示。

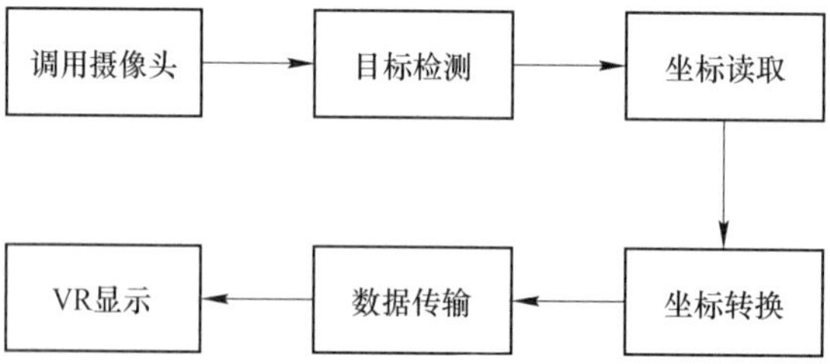

图3-25 实验流程图

由于足球的检测使用Python语言，与虚拟现实端在两个不同的软件平台上进行，所以本文使用套接字（socket）方法进行不同进程间的通信，可以实时完整地传输目标检测模型检测到足球后的坐标，保证其在虚拟现实端可以被接收到。

套接字（socket）是对网络中不同主机上的应用进程之间进行双向通信的端点的抽象。一个套接字就是网络上进程通信的一端，提供了应用层进程利用网络协议交换数据的机制。从所处的地位来讲，套接字上联应用进程，下联网络协议栈，是应用程序通过网络协议进行通信的接口，是应用程序与网络协议栈进行交互的接口。

套接字是通信的基石，是支持TCP/IP协议的路通信的基本操作单元。可以将套接字看作不同主机间的进程进行双间通信的端点，它构成了单个主机内及整个网络间的编程界面。套接字存在于通信域中，通信域是为了处理一般的线程通过套接字通信而引进的一种抽象概念。套接字通常和同一个域中的套接字交换数据（数据交换也可能穿越域的界限，但这时一定要执行某种解释程序），各种进程使用这个相同的域互相之间用Internet协议簇来进行通信。

套接字可以看成是两个网络应用程序进行通信时，各自通信连接中的端点，这是一个逻辑上的概念。它是网络环境中进程间通信的API（应用程序编程接口），也是可以被命名和寻址的通信端点，使用中的每一个套接字都有其类型和一个与之相连进程。通信时其中一个网络应用程序将要传输的一段信息写入它所在主机的socket中，该socket通过与网络接口卡（NIC）相连的传输介质将这段信息送到另外一台主机的socket中，使对方能够接收到这段信息。socket是由IP地址和端口结合的，提供向应用层进程传送数据包的机制。

3.11.1 套接字主要类型

（1）流套接字（SOCK_STREAM）。流套接字用于提供面向连接、可靠的数据传输服务。该服务将保证数据能够实现无差错、无重复送，并按顺序接收。流套接字之所以能够实现可靠的数据服务，原因在于其使用了传输控制协议，即 TCP（the Transmission Control Protocol）协议。

（2）数据报套接字（SOCK_DGRAM）。数据报套接字提供一种无连接的服务。该服务并不能保证数据传输的可靠性，数据有可能在传输过程中丢失或出现数据重复，且无法保证顺序地接收到数据。数据报套接字使用 UDP（User Datagram Protocol）协议进行数据的传输。由于数据报套接字不能保证数据传输的可靠性，对于有可能出现的数据丢失情况，需要在程序中做相应的处理。

（3）原始套接字（SOCK_RAW）。原始套接字与标准套接字（标准套接字指的是前面介绍的流套接字和数据报套接字）的区别在于：原始套接字可以读写内核没有处理的 IP 数据包，而流套接字只能读取 TCP 协议的数据，数据报套接字只能读取 UDP 协议的数据。因此，如果要访问其他协议发送的数据必须使用原始套接。

3.11.2 通信流程

要通过互联网进行通信，至少需要一对套接字，其中一个运行于客户端，我们称之为 Client socket；另一个运行于服务器端，我们称之为 Server socket。

根据连接启动的方式以及本地套接字要连接的目标，套接字之间的连接过程可以分为三个步骤：服务器监听、客户端请求、连接确认。

（1）服务器监听。服务器监听是指服务器端套接字并不定位具体的客户端套接字，而是处于等待连接的状态，实时监控网络状态。

（2）客户端请求。客户端请求是指由客户端的套接字提出连接请求，要连接的目标是服务器端的套接字。为此，客户端的套接字必须首先描述它要连接的服务器的套接字，指出服务器端套接字的地址和端口号，然后就向服务器端套接字提出连接请求。

（3）连接确认。连接确认是指当服务器端套接字监听到或者说接收到客户端套接字的连接请求，就会响应客户端套接字的请求，建立一个新的线程，并把服务器端套接字的描述发送给客户端。一旦客户端确认了此描述，连接就建立好了。而服务器端套接字继续处于监听状态，接收其他客户端套接字的连接请求。图 3-26 所示为套接字通信流程。

在图 3-26 中，左侧是服务器端。socket（）函数用于在虚拟现实端创建套接字对象；bind（）函数用于将服务器绑定到端口；listen（）函数的作用是监听客户端的信息，监听足球检测端发送的信息；accept（）函数创建一个新的套接字对象，用于与客户端通信，等待足球检测端的连接；recv（）函数接收足球检测端发送的坐标信息；close（）函数的作用是关闭套接字连接。

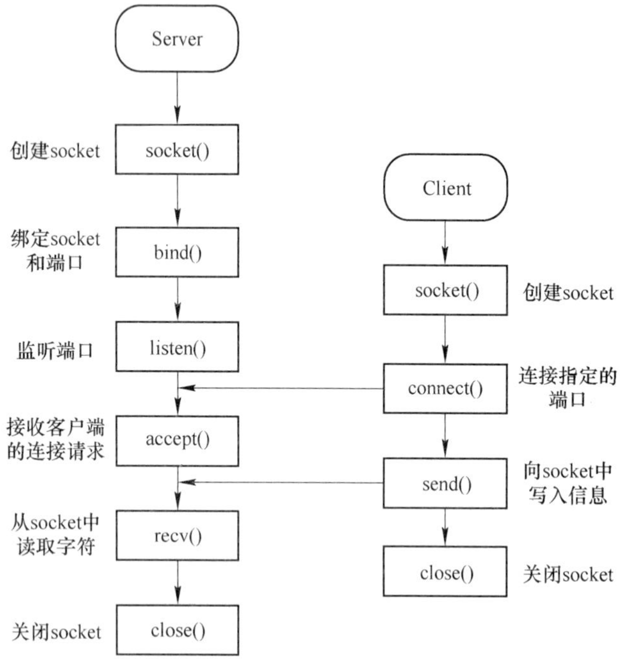

图 3-26　套接字通信流程

图 3-26 中右端是客户端。socket（）函数用于在足球检测端创建套接字对象；connect（）函数的作用是向虚拟现实服务器端发送连接请求；send（）函数的作用是将坐标信息发送到虚拟现实端；close（）函数的作用是关闭套接字连接。

3.11.3　主要特点

根据套接字的不同类型，可以将套接字调用分为面向连接服务和无连接服务。

面向连接服务的主要特点如下：

（1）数据传输过程必须经过建立连接、维护连接和释放连接 3 个阶段；

（2）在传输过程中，各分组不需要携带目的主机的地址；

（3）可靠性好，但由于协议复杂，通信效率不高。

面向无连接服务的主要特点如下：

（1）不需要连接的各个阶段；

（2）每个分组都携带完整的目的主机地址，在系统中独立传送；

（3）由于没有顺序控制，所以接收方的分组可能出现乱序、重复和丢失现象；

（4）通信效率高，但可靠性不能确保。

在本方法中，虚拟现实显示端为服务器端，足球检测终端为客户端。使用双目摄像机通过目标检测模型检测到的足球坐标通过 socket 传输到虚拟现实端进行显示，复现足球运动轨迹。

如图 3-27 所示为模拟在实验中发送坐标“33，154”，并在虚拟现实显示端接收到坐标。

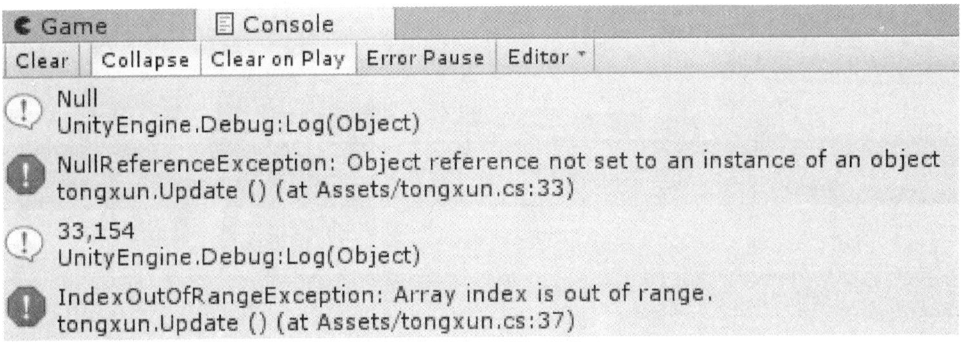

图 3-27　虚拟现实显示端接收坐标

3.12　虚拟现实显示

足球的复现需要建立在虚拟现实环境中，图 3-28 展示了虚拟现实场景和足球的初始位置。

图 3-28　虚拟现实场景

本方法建立了一个虚拟足球场环境，并在虚拟现实环境中实时显示检测到的足球位置。在虚拟现实环境中，球员可以在足球比赛中训练传球战术。训练者对队友的跑动和位置选择做出反应，观察防守队员的位置，并选择最合适的传球时机、传球路线和传球力量。通过改变进攻和防守球员的位置、数量和跑动方向，球员可以在不同的情况下进行训练。训练者可以在训练室戴上虚拟现实头盔，在真实环境中踢足球。训练者踢动足球后，使用改进的 Tiny-YOLOV3 模型和双目摄像机检测足球的位置，然后在虚拟现实环境中显示足球的轨迹。训练者可以在虚拟现实环境中观察足球运动，了解自己动作的效果。

在虚拟现实训练室中放置一个足球，并使用双目摄像机检测足球。图 3-29 显示了双目摄像机的放置位置，以及使用改进的 Tiny-YOLOV3 模型进行检测和使用双目摄像机进行目标检测的检测结果。

将检测结果坐标传输至虚拟现实端改变足球位置，如图 3-30 所示。实验表明，随着足球的移动，在虚拟现实端的足球位置会发生一致的改变。

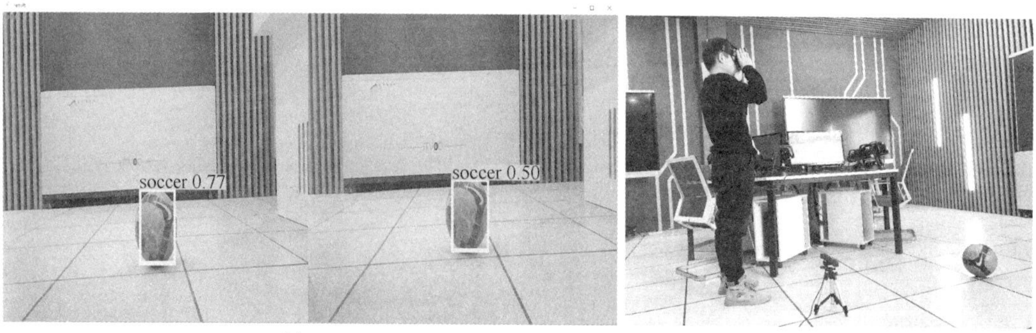

(a)　　　　(b)

图 3-29　检测足球

（a）双目摄像机检测到的足球；（b）摄像机摆放及检测环境

图 3-30　虚拟现实环境中足球位置改变

同时，我们可以改变训练战术，如不同队员数量、不同跑动方向、不同战术策略等，如图 3-31 所示。

图 3-31　不同战术训练